Werner Gehrcke

Methoden und Konzepte des Schauspiels

Eine Rundreise durch Theorie und Handwerk

Gehrcke, Werner: Methoden und Konzepte des Schauspiels: Eine Rundreise durch Theorie und Handwerk, Hamburg, disserta Verlag, 2015

Buch-ISBN: 978-3-95935-088-4
PDF-eBook-ISBN: 978-3-95935-089-1
Druck/Herstellung: disserta Verlag, Hamburg, 2015
Covermotiv: pixabay.com

Bibliografische Information der Deutschen Nationalbibliothek
Die Deutsche Nationalbibliothek verzeichnet diese Publikation in der Deutschen Nationalbibliografie; detaillierte bibliografische Daten sind im Internet über http://dnb.d-nb.de abrufbar.

© disserta Verlag, Imprint der Diplomica Verlag GmbH
Hermannstal 119k, 22119 Hamburg
http://www.disserta-verlag.de, Hamburg 2015
Printed in Germany

Inhaltsverzeichnis

VORWORT 1

1   THEATERGESCHICHTE UND SCHAUSPIELTHEORIE
    IM ÜBERBLICK 3

    1.1   EINFÜHRUNG...3
    1.2   VON DER STEINZEIT BIS HEUTE 4

2   SCHAUSPIELARBEIT NACH DEM
    STANISLAWSKI-SYSTEM..29

    2.1   DIE GRUNDPFEILER DES SYSTEMS 32
    2.2   ELEMENTE UND PSYCHOTECHNIK DES ERLEBENS.............38
    2.3   ZIELE 47
    2.4   DIE ELEMENTE DES VERKÖRPERNS 49
    2.5   PERSPEKTIVEN UND DAS CHARAKTERISTISCHE 57
    2.6   KONZENTRATION, AUFMERKSAMKEIT UND BEOBACHTUNG...............60
    2.7   TEMPO UND RHYTHMUS IM SPIEL 64
    2.8   DIE ARBEIT AN DER ROLLE 67

3   SCHAUSPIELARBEIT NACH DEM STANISLAWSKI- SYSTEM –
    DIE ERWEITERUNGEN 75

    3.1   LEE STRASBERG – THE METHOD ACTING 75
    3.2   STELLA ADLER – EINE ETWAS ANDERE METHOD 84
    3.3   STRASBERG GEGEN ADLER – EIN VERGLEICH 100
    3.4   MICHAEL TSCHECHOW 101

4   KEITH JOHNSTONE – STATUS UND RAUM 127

    4.1   STATUS ALS PRIMÄRE VORAUSSETZUNG DES SPIELS.........127
    4.2   RAUMSPANNUNG, ORIENTIERUNG IM RAUM UND STATUS.............131

5   JERZY GROTOWSKI..136

    5.1   ARMES THEATER 137
    5.2   DAS DREI PHASEN MODELL 140
    5.3   GRENZÜBERSCHREITUNGEN IM THEATER 142
    5.4   DER HEILIGE SCHAUSPIELER – GRENZÜBERSCHREITUNGEN
          IM THEATER GROTOWSKI...145

6 MEYERHOLD UND BRECHT – DAS DESILLUSIONIERTE THEATER **150**

6.1 WSEWOLOD EMILJEWITSCH MEYERHOLD UND SEINE BIOMECHANIK .. 151
6.2 BERTOLT BRECHT 154

7 AUGUSTO BOAL – DAS THEATER DER UNTERDRÜCKTEN ... 164

7.1 THEATER ODER PÄDAGOGIK? 164
7.2 FÜR EIN DYNAMISCHES THEATER 166
7.3 DAS UNSICHTBARE THEATER 168
7.4 FORUM THEATER 169

8 DAS POSTDRAMATISCHE THEATERKONZEPT **172**

8.1 DRAMATIK GEGEN POSTDRAMATIK 172
8.2 KONSEQUENZ FÜR DIE SCHAUSPIELPÄDAGOGIK 176
8.3 DAS POSTDRAMATISCHE KONZEPT 180
8.4 RENE POLLESCH 182

LITERATURVERZEICHNIS **190**

INTERNET-QUELLEN **193**

Vorwort

In diesem Buch sollen relevante Grundkonzepte und Methoden des Schauspiels vorgestellt werden. Diese Schauspieltheorien oder Konzepte werden von mir mit vielen anschaulichen Beispielen, Hinweisen und skizzierten Übungen – aus der und für die Praxis – erläutert. Da, wo es mir notwendig erscheint, bediene ich mich theaterwissenschaftlicher und artverwandter Arbeiten und Theorien, um die Konzepte zu erläutern. Immer wieder weise ich auch auf die jeweiligen Unterschiede zwischen Theater und Film hin.

Zunächst begeben wir uns auf einen Ausflug durch die Theatergeschichte. Anschließend beschäftigen wir uns ausführlich mit dem Konzept Konstantin Stanislawskis, welches sich über Jahrzehnte seines Schaffens entwickelt hat. Darauf fußen die Methoden Lee Strasbergs und Stella Adlers und naturlich die besondere Arbeit eines Michael Tschechow. Damit lernen wir unterschiedliche Herangehensweisen innerhalb des sogenannten Stanislawski-Systems kennen. Während Michael Tschechow von einem imaginierten Prototyp der Figur ausging und einer künstlerischen Inspiration, die nicht aus dem Alltagsbewusstsein der Schauspielerperson schöpft, ging ein Strasberg von innen nach außen vor und wollte den persönlichen Anteil des Schauspielers/der Schauspielerin an der Rolle stärken. Stella Adler verschrieb sich hingegen den physischen Handlungen und einem Agieren als Reagieren. In Kapitel 4 wenden wir uns Keith Johnstone und dem Thema Status und Raum zu – in der Grundausbildung von Schauspielanwärtern ein nach wie vor wichtiges Thema. Danach beschäftigen wir uns mit Jerzy Grotowski und seiner besonderen Vorstellung von Theater und beschreiben es als Theater der Grenzüberschreitung. Anschließend stelle ich Ihnen die Desillusionisten Meyerhold und Brecht vor.

Meyerholds besonderes Ausbildungskonzept, die Biomechanik, kann hier in diesem Rahmen nur skizziert werden. Darauf folgt Augusto Boal, dessen Theaterkonzept sich außerhalb klassischer Theaterdefinitionen bewegt und in Deutschland gerne zur Theaterpädagogik gerechnet wird. Schlussendlich unternehmen wir eine kleine Reise durch den schillernden Kosmos des postdramatischen Theaters und skizzieren es exemplarisch am Beispiel eines Rene Polleschs.

Das Buch richtet sich an Studenten des professionellen Schauspiels, Theaterpädagogen, Schullehrer, Schüler, Amateure, Semiprofis und alle, die eine umfassende fundierte, aber praxisnahe, Rundreise durch das Universum des Schauspiels und seiner Theorien, Methoden und Konzepte wünschen. Auch wenn dieses Werk keine Bettlektüre ist, sein kann und will, so ist es dennoch anschaulich gehalten und ausdrücklich auch für Jedermann und Frau geeignet, die ein brennendes Interesse am Schauspiel haben.

Ich wünsche meinen Lesern die gleiche Freude und Begeisterung an diesem Buch, die ich beim Schreiben hatte.

Werner Gehrcke

1 Theatergeschichte und Schauspieltheorie im Überblick

1.1 Einführung

Das folgende Kapitel kann natürlich ein fundiertes theaterge-schichtliches Studium nicht ersetzen. Dieses Vorhaben gelänge nicht einmal ausreichend mit einem Buch allein. Deshalb werden im folgenden Kapitel wesentliche theaterhistorische Epochen und Schauspieltheorien nur skizziert – wenn auch sprunghaft und reduktionistisch. Der fokussierte Schwerpunkt liegt hierbei auf der Schauspielkunst, der Forderung an den/die Schauspieler(in) und seiner/ihrer Spielweise. Diese ist aber unweigerlich mit dem Theater bzw. Film verbunden, diese wiederum sind zeitgeschichtlich mit der Gesellschaft, politisch-soziologischer Gegebenheiten und philosophisch-kultureller Fragestellungen verwoben. Was ist Theater und was soll es überhaupt bewirken, welchen Sinn macht es? Und dann eben, wie soll Theater stattfinden, in welchem Rahmen – und wie soll die Darstellung oder Performance gestaltet werden? Wie sollen Werk, Rolle und Text interpretiert und umgesetzt werden, wie soll der/die Schauspieler(in) dazu im Verhältnis stehen? Welche Anforderungen werden an den/die Schauspieler(in) gestellt? Wie sieht es mit dem Schauspieler-Zuschauer-Verhältnis im Theater aus? Diese Fragen sind bis heute brennend und existentiell für die Schauspielkunst und ihre Lehre. Ohne Kenntnisse in Theatergeschichte, gleicht die Schauspielpraxis eher dem Versuch eines Elektrikers etwas zu reparieren, ohne Grundkenntnisse in der Elektrizitätslehre zu haben (was bekanntlich zu einem unfreiwilligen extraordinä-ren Haarstyling oder gar zu einer tödlichen Katastrophe führen kann). Deshalb soll zumindest ein grober Einblick in den historischen Hintergrund des Theaters gegeben werden, bevor ich anschließend ausführlich auf heute noch relevante Schauspieltheorien bzw. Methoden und Konzepte eingehe.

Noch ein Hinweis: Aus Gründen der Einfachheit, verzichte ich in Kapitel 1 auf eine gendergerechte Schreibweise, die ich aber ab Kapitel 2 bis zum Schluss ausschließlich verwende.

1.2 Von der Steinzeit bis heute

Was ist eine Epoche?

In der Literatur- und Theatergeschichte ist eine Epoche ein Zeitabschnitt, in dem bestimmte philosophische, ästhetische, literatur- und theatertheoretische oder politisch-gesellschaftlich motivierte Denk- und Bewegungsrichtungen dominieren, die nicht zuletzt ihren Niederschlag auch in einer jeweils entsprechenden literarischen Stil- und Motivprägung bzw. Präsentations- und Spielweise finden. Die Zeitdatierungen werden an Wendepunkten dominierender Strömungen, an zeitgeschichtlichen Ereignissen, Entdeckungen, Tod von Persönlichkeiten oder ähnlichem fest gemacht. Hier und da kommt es daher natürlich auch, im Vergleich der Literatur, zu gewissen Abweichungen. Wichtig zu wissen ist, es handelt sich bei wissenschaftlichen Datierungen um eine statische Fixierung aus der Retroperspektive, aber in der Epoche selbst um dynamische Vorgänge, mit nicht selten Überschneidungen und Unterströmungen. Vereinfacht gesagt: Es hat sich niemand in der Aufklärung an einem trüben Donnerstag auf den Marktplatz gestellt und geschrien, dass ab jetzt Aufklärung sei, und niemand hat wiederum verkündet, sie sei zu Ende. Im Gegenteil, die Nachwehen einer Epoche, wie beispielsweise die der Aufklärung, können bis in die Jetztzeit einen gewissen Einfluss verbuchen. Zudem beziehen sich manche Epochen nur auf Bewegungen eines Landes, andere erstrecken sich auf Europa oder gar darüber hinaus.

Wie alles begann

Früheste Formen theatralisch-rituellen Spiels kann die Wissenschaft bis in die **Steinzeit** zurückverfolgen. Ein Jäger, der sich das Fell eines Raubtiers überzog, versprach sich offensichtlich eine Übertragung der Magie des Tieres auf ihn selbst. Später entwickelten sich Spiele und zeremonielle Tänze bereits vor der Jagd, die den Erfolg dieser magisch beeinflussen sollten. Eine Urform des Theaters ist der Tanz. Er entstand als Ausdruck des Drangs, seelischen Erlebnissen körperlichen Ausdruck zu verleihen. Er wurde zum Basiselement kultischer Handlungen auf der ganzen Welt. Rituale dienten der Beschwörung von Fruchtbarkeit, der Zelebration erfolgreicher Ernte, als Kriegsritus etc.

Erst um die Wende zum vierten vorchristlichen Jahrtausend, trat das Theater in ein neues Zeitalter ein. Es kam zu ersten Strukturierungen arbeitsteiliger Gemeinwesen. Diese Arbeitsteilung erlaubte nun, weil sie vom Zwang zur eigenständigen Nahrungsproduktion befreite, sich u.a. mit Schrift und Kunst zu beschäftigen. Die **frühe Hochkultur** ward geboren.

Das **antike Theater** gilt als Wiege des abendländischen Schauspiels. Theatron ist der griechische Begriff für Zuschauerraum. Mit der Etablierung des Zuschauerraums gelang ein entscheidender Fortschritt. Das rituelle Festspiel wurde zur politischen Festversammlung umfunktioniert und in den Dienst einer neuen Gesellschaftsform, der Demokratie, gestellt. Die theatralische Aktion richtete sich an das nur noch passiv beteiligte Publikum.

<u>Wir halten grob fest</u>: Theater entwickelte sich von den ersten theatralisch-rituellen Spielen zu Ausdrucksriten der Völker und Gruppen und erfuhr in der Blütezeit der Hochkultur eine

komplexere, kulturelle Entwicklung und Bedeutung. Das antike Theater ist die Geburtsstätte des abendländischen Theaters.

Aristoteles (384-322 v.d.Z.) und das Theater

Aristoteles hat für unser Verständnis von Theater – auch von modernem Theater (Aristotelisches/ Nicht-Aristotelisches Theater) – und Schauspielkunst eine wichtige Bedeutung. Deshalb wollen wir uns ihm etwas genauer widmen. Die *Poetik* (ca. 330 v.d.Z.) ist das ästhetische Werk von Aristoteles.

Im Folgenden sind wichtige Aussagen und Forderungen der Aristoteles-Poetik dargestellt:

Mimesis (Nachahmung)

In der antiken Theatertheorie wurde das Verhältnis von den dargestellten Phänomenen auf der Bühne zur Wirklichkeit als ein *Mimetisches*, also ein Nachahmendes, bezeichnet. Der Philosoph **Platon** vertrat die Auffassung, dass jede Art von künstlerischer Nachahmung in einem verfälschenden Verhältnis zu der abzubildenden Wirklichkeit steht. Denn nicht die Dinge selbst werden nachgeahmt, sondern nur unsere Vorstellung von den Dingen. Er unterstellte damit der Kunst, vor allem der darstellenden Kunst, eine Wirklichkeitsverfälschung zu betreiben. **Aristoteles** sah das Verhältnis von Nachahmung und Vorbild weitaus weniger problematisch. Er lieferte eine anthropologische Begründung für die Mimesis, denn er sah die Nachahmung als dem Menschen angeboren und deshalb natürlich. Allerdings wandte er sich gegen die einfache Kopie oder Abbildung der Wirklichkeit. Mimesis war für ihn ein künstlerischer Schöpfungsprozess, der bis hin zur Idealisierung geht. Aristoteles stellte damit die Mimesis mit dem künstlerischen Schöpfungsprozess gleichbedeutend. Das verwundert nicht, denn in der aristotelischen Naturphilosophie befindet sich die Natur selbst in einem ständigen Prozess des Strebens nach vollkommeneren Formen. Auch wichtig zu wissen ist, dass Aristoteles eine Bevorzugung des Möglichen gegenüber dem Faktischen anstrebte. Der Dichter hat also <u>nicht</u> die Aufgabe, das was geschehen ist mitzuteilen, sondern was geschehen <u>könnte</u>, im Sinne von Wahrscheinlichkeit. Das ist der feine Unterschied, den wir mindestens immer im Hinterkopf halten sollten.

Poiesis (Dramentheorie)

Die antike Dichtungslehre kannte zwei Modi für die Gestaltung der sprachlich-textuellen Ebene: mimetisch oder diegetisch. Diegesis war der Modus der einfachen epischen Erzählung oder Rezitation, die der Präsentation der mythologischen Erzählung diente. Mimesis setzt die Anverwandlung der Sprache durch Schauspieler voraus. Nach Aristoteles schließen sich Diegesis und mimetisches Drama gegenseitig aus. Die theoretische Idealform des Dramas ist ein nur aus Dialogen bestehender Text. Theoretisch deshalb, weil diese aristotelische Festlegung dramengeschichtlich von zahlreichen Mischformen überschritten wird. Die Poetik ist ein Normenkatalog, der von Aristoteles induktiv entwickelt wurde. Das heißt, Aristoteles hat diesen Katalog auf der Basis der zu seiner Zeit vorliegenden griechischen Dramen entwickelt. Wie wir noch sehen werden, sind bestimmte formale aristotelische Charakteristika für die Dramenform – seit der Renaissance – weitgehend normativ übernommen worden. Die **Normen** sind:

- das Primat der geschlossenen Handlung.
- erkenntnisfähige Charaktere.
- gebundene Sprache.
- Trennung in die Gattungen Tragödie und Komödie mit eindeutiger Bevorzugung der Tragödie.

Die sogenannten drei aristotelischen Einheiten sind so nicht ganz von Aristoteles aufgestellt, denn die Einheit des Ortes wurde ihm erst in der Renaissance untergeschoben. Die drei Einheiten spielen aber eine große Rolle. Wir werden sie künftig als *pseudoaristotelische Einheiten* titulieren, diese sind:

Einheit der Handlung

Die Handlung muss in sich geschlossen sein (Anfang und Ende) und gerade zum Ziel führen (keine Nebenhandlungen).

Einheit der Zeit

Die Handlung darf 24 Stunden nicht überschreiten, keine Zeitsprünge.

Einheit des Ortes

Schauplatz darf nicht gewechselt werden, es gibt nur einen Schauplatz.

Katharsis

Aristoteles definierte die kathartische (reinigende) Wirkung der Tragödie als Erzeugung der Affekte phobos und eleos (Schaudern und Jammern) in den Zuschauern. Theaterwissenschaftler streiten darüber, ob und inwiefern Aristoteles selbst die Katharsis als sittliche Läuterung ansah. Durch Lessing wurde das Begriffspaar phobos-eleos mit Furcht und Mitleid übersetzt. Er sah die im Theater erzeugten Affekte definitiv auf einer sittlich-moralischen Ebene zu verstehen. Wir werden uns später noch mit Lessing auseinandersetzen.

Das Mittelalter (6. bis 15. Jahrhundert)

Das Mittelalter war von der Christianisierung geprägt. Die Kirche bestimmte alle Bereiche des öffentlichen und sozialen

Lebens. Auch das "fahrende Volk", also Schauspieler, Akrobaten und Musiker wurden von der kirchlichen Institution verbannt. Einzig Narren fanden, als Repräsentanten des Grotesken und Animalischen, ihren festen Platz in der mittelalterlichen Kultur. Im damaligen Weltbild waren sie negativer Ausdruck der göttlichen Ordnung und begeisterten das Publikum auf städtischen Jahrmärkten und an den Höfen von Adligen, ebenso in den Klöstern. Kennzeichnend für das Mittelalter war das Kirchentheater, das heißt die Theatralisierung der Liturgie. Geistliche Spiele, Mysterienspiele und Passionsspiele vervollständigten das Kirchentheater.

Erst im Spätmittelalter entstanden weltliche Spielformen. Das Fastnachtsspiel im 15. Jhd. war ein für den Karneval entwickeltes weltliches Spiel mit lockerer Aneinanderreihung derb-komischer Szenen – es emanzipierte sich bald vom Karneval und wurde eigenständiges Genre. Oder das englische Morality-Play, ein allegorisches Spiel, in dem abstrakte Begriffe und Eigenschaften personifiziert wurden, z.B. der Kampf zwischen Lastern und Tugenden der Menschen.

Neuzeit-Renaissance-Humanismus-Reformation

Mit der Entdeckung Amerikas durch Christoph Kolumbus (1492) und der Beschreibung eines heliozentrischen Weltbildes durch Nikolaus Kopernikus, wurde die Wende zur Neuzeit eingeläutet. An die Stelle des Autoritätsglaubens tritt der Geist kritischer Forschung. Renaissance, Humanismus und Reformation erwachsen aus der Sehnsucht des Menschen nach geistiger und religiöser Erneuerung. Die europäische Kultur orientierte sich in der Renaissance erneut an der Antike und wurde nach dem Mittelalter förmlich wiedergeboren (Renaissance = Wiedergeburt). Die Humanisten traten für eine Bildungsreform ein, die Wissen und Tugend verbinden sollte. Die Reformation war die absolute Notwendigkeit der Umgestaltung der Kirche, die sich mit Inquisition, Ablasshandel und moralischen Ausschweifungen ganz weit von der ursprünglich christlichen Lehre entfernt hatte. Führender Reformator in Deutschland war Martin Luther.

Das europäische Barock (ca. 1600 bis 1720)

Politische und gesellschaftliche Veränderungen, die mit Kriegen einhergingen, erschütterten Europa. Vor allem durch den Dreißigjährigen Krieg (1618-1648) und der in Folge ausgebrochenen Pest, stand das Thema Tod und Vergänglichkeit im krassen Widerspruch zu dem in der Renaissance gewachsenen Glauben an die Beherrschbarkeit der Welt. Diese Erschütterungen und der Sturz alter Werte, ließen eine Welt aus Schein, Lüge, Prunk und Protz entstehen, hinter der sich die Angst vor drastischen Veränderungen und der Vergänglichkeit irdischen Daseins verbergen ließ. Die Literatur bediente sich einer Antithetik, die Gegensatzpaare – wie Schein und Sein, Wollust und Tugend, Diesseits und Jenseits – gegenüberstellte. Die Shakespeare'sche Vorstellung einer Welt als Bühne (Theatrum mundi), in der jeder Mensch seine Rolle spielt, findet auch im Barock seine Entsprechung. Die gesamte Barockkultur entfaltete sich in glanzvoller Theatralik. Am Hof Ludwig XIV. beispielsweise, war das Alltagsleben von der Morgentoilette bis zum Nachtgebet inszeniert und choreographiert.

Franciscus Lang (1654-1725)

Langs Schauspieltheorie gilt als älteste Konzeption im deutschsprachigen Raum. Er verfasste seine Schauspieltheorie in lateinischer Sprache: "Dissertatio de actione scenica" (Abhandlung über die Schauspielkunst). Darin beruft sich Lang auf eine Nachahmung der Natur. Er meint damit aber keine wirklichkeitsgetreue Abbildung, sondern – gemäß einem höfischen Ideal von Natur – sind die körperlichen, stimmlichen und geistigen Fähigkeiten der Darsteller auszubilden. In diesem Sinne kann Kunst die Natur verbessern und stellt ein Mittel zur Unterweisung und Erziehung der Jugend dar. Letzteres lag Lang, als Jesuitenpater, ganz besonders am Herzen. Lang entwickelte die Kunst des Schauspielers aus dessen Körperhaltung heraus. Er beginnt unten und beschreibt eine Grundhaltung, das Bühnenkreuz (crux scenica), welches sich an den Praktiken höfischer Repräsentation orientiert. Lang definierte die Schauspielkunst, als die Formation des Körpers und der Stimme, die geeignet ist Affekte zu erregen.

Um es vorweg zu nehmen, wenn Sie heute so vorsprechen würden, würden Sie vom Regisseur davon gejagt werden. Das Barocktheater ist out und Langs Regelwerk spielt lange keine Rolle mehr.

Pierre Remond de Sainte-Albine (1699-1778) Der "heiße" Schauspieler

Der Journalist Sainte-Albine war kein Theatermann und es ist relativ wenig über ihn bekannt. Wichtig und neu, wenn nicht sogar revolutionär, war seine Forderung nach einer ***Nachahmung der sinnlich wahrnehmbaren Umwelt***. Im **Gegensatz** zu **Lang**, der ***eine idealisierte Nachahmung der Natur*** forderte und *Affekttypen* hervorbrachte, verlangte Sainte-Albine die Darstellung individueller Figuren. Der Schauspieler sollte sich jederzeit der sozialen Situation, des Alters und Ranges seiner Rolle bewusst sein und sie entsprechend darstellen. Mit der Forderung einer illusionistischen Täuschung der Zuschauer, begann nicht nur ein Bruch mit der bis dahin geltenden Ästhetik und schauspielerischen Praxis, sondern es war die Geburt einer ***realistisch-psychologischen Schauspielkunst***. Sainte-Albine ging von einer ***psychophysischen Wechselwirkung*** von Seele und Körper aus und postulierte seinen Schauspielansatz von *innen nach außen*: Die innere emotionale Stimmung sollte im „Außen" ihren körperlichen Ausdruck finden. Nach Sainte-Albine kann der Schauspieler dem Publikum Gefühle nur glaubhaft vermitteln, wenn er diese selber empfinde, er also "heiß" ist.

Francesco Riccoboni (1707-1772) Der "kalte" Schauspieler

Riccoboni war selber Schauspieler. Er stimmte in einigen Punkten mit Sainte-Albine überein. Auch er sah die Bühne als Plattform illusionistischer Täuschung des Publikums und forderte die Nachahmung der sinnlich wahrnehmbaren Umwelt. Auch bei Riccoboni soll sich der Schauspieler der sozialen Situation seiner Rolle bewusst sein. Er soll auch die emotionalen Zustände seiner Figur darstellen können. Aber, und das ist entscheidend, der Darsteller soll dabei "kalt" und kontrolliert sein. Das was der Schauspieler darstellt, selbst und wirklich zu empfinden, sah Riccoboni eher als Nachteil, als Hindernis im Spiel. Anders als Sainte-Albine, befürchtete Riccoboni wohl die Befangenheit der Seele des Schauspielers, wenn er selbst tief und echt empfindet. Der Darsteller sollte also seine Rolle gut studieren, ihre Bewegung und Regung kennen, dabei sollte er seine eigene Seele kontrollieren und den Zuständen der Rolle gefügig machen.

Aufklärung (ca. 1720 bis 1790)

Die Aufklärung ist der entscheidende Entwicklungsschritt in der Geschichte der Neuzeit. Sie war eine philosophisch-gesellschaftliche Bewegung in Europa. Die sensationellen Fortschritte in den Naturwissenschaften revolutionierten das Weltbild. Das Geistesleben koppelte sich von den kirchlichen Lehren ab. Ratio hieß das höchste Prinzip, alles sollte von der Vernunft geleitet werden, allem mystischen und ungreifbaren Treiben und irrationalem Handeln wurde der Krieg erklärt. Darüber hinaus richtete sich die Aufklärung gegen den Absolutismus. In Frankreich politisierte sich die Aufklärung. Der verschwenderische und arrogante Umgang der absolutistischen Herrschaft trieb Frankreich in den wirtschaftlichen Ruin. Die Aufklärung gipfelte schlussendlich 1789 in der Französischen Revolution. Mit der Aufklärung vollzieht sich die, in Humanismus und Renaissance begonnene, Emanzipation des Individuums. Allerdings gewinnt auch eine empiristische-mechanistische Weltanschauung die Oberhand, die sich bis heute vollzieht, und den Bedürfnissen des Menschen in seiner Ganzheit wohl nie ganz gerecht werden kann.

Wichtige geistige Väter der Aufklärung waren: Thomas Hobbes, John Locke, David Hume in England, Voltaire, Charles de Montesquieu in Frankreich, Immanuel Kant, Johann Christoph Gottsched, Gotthold Ephraim Lessing in Deutschland.

Literarisch war die Epoche der Aufklärung sehr funktional. Dichtung diente der Vermittlung der Ideale des gesunden Menschenverstandes und des Tugendstrebens. Belehrung und Erziehung, im Sinne der Aufklärung, war ihr Zweck. Jeglicher Selbstzweck war ihr strikt untersagt. Spontaner Ausdruck seelischer Regungen oder unmittelbares Erleben konnte sich dadurch in der Dichtung der Aufklärung weniger bis gar nicht entfalten. Literarische Formen waren das Lehrgedicht, die Fabel und das bürgerliche Trauerspiel.

Gotthold Ephraim Lessing war und ist gleichermaßen auf literaturtheoretischem Gebiet und in der dichterischen Praxis bedeutsam. Wichtige Werke Lessings sind: Sein erstes Werk – Die Juden (1749); Miss Sara Sampson (1755); Minna von Barnhelm (1767); Emilia Galotti (1772); Nathan der Weise (1779)

Gotthold Ephraim Lessing - Das bürgerliche Trauerspiel - Katharsis

Das bürgerliche Theater war die Antwort auf die bürgerliche Emanzipationsbewegung. Mit der sogenannten Ständeklausel war die Tragödie bisher nur dem Adel vorbehalten. Die Figuren in der Tragödie entstammten dem Adel, die der Komödie waren niederen Ständen zugeordnet. Ebenfalls war dem Volkstheater nur die Komödie vergönnt, dem Hoftheater die Tragödie. Nun etablierte sich in Europa zunehmend ein Theater als Plattform, mit der sich ein bürgerlicher Zuschauer identifizieren konnte. Mit *Miss Sara Sampson* führte Lessing erstmals in Deutschland das bürgerliche Trauerspiel ein. Lessing sah, als Aufklärer, das Theater nicht als Selbstzweck, sondern als eine Kommunikationsplattform, die einen höheren Zweck erfüllt: Die moralisch-ethische Besserung durch Katharsis (=Reinigung). Durch vermischte Charaktere (Vorzüge und Schwächen) auf der Bühne und einer geringen Distanz von Zuschauer und Protagonisten, einer psycho-logisch-realistischen Darstellung, sollte, über die Identifikation des Zuschauers mit den Figuren und seiner Einfühlung in das Geschehen, Mitleid und Furcht bei diesem erzeugt werden. Lessing deutete damit die Aristoteles Katharsis (Jammern und Schaudern) um. Mitleid ist dabei das Mitleid, welches auf die Protagonisten bezogen ist. Das allein reicht aber nicht aus, denn dann würde sich die Wirkung nur bis zum Ende des Stückes vollziehen. Furcht ist dagegen das Mitleid, was sich auf den Fürchtenden selbst bezieht, also auf den Zuschauer. Es ist die Furcht davor, dass ihn das gleiche Schicksal ereilt. Deshalb führt Mitleid und Furcht zur Katharsis (=Reinigung), zur Verwandlung moralischen Fehlverhaltens und Fehleinstel-lungen in tugendhaftes, moralisch besseres Verhalten.

Denis Diderot (1713-84)

Diderot verfasste einen Aufsatz mit dem Titel *Paradox über den Schauspieler.* Er forderte darin, dass der Darsteller seine Kunstmittel bewusst und kontrolliert einsetzen und sich gewissermaßen in die Eigene und die Bühnenfigur aufspalten soll. Nicht die Identifikation des Schauspielers mit seiner Rolle, sondern die Einfühlung des Zuschauers in die Emotionen der

Figur, sei das Ziel des bürgerlichen Theaters. Der Schauspieler soll die unvollkommene Natur nicht nur nachahmen, sondern zur wirkungsvollen Kunst vollenden.

Die Vierte Wand

Denis Diderot kritisierte die Praxis des A-Part-Sprechens (Beiseite Sprechen), indem ein Protagonist etwas zum Publikum sagt, ohne das es sein Dialogpartner scheinbar mitbekommt. Diese Art der Interaktion zerstört die Illusion, die fiktionale Welt auf der Bühne. Dies durfte im bürgerlichen Theater nicht sein. Diderot empfahl deshalb dem Schauspieler die Vorstellung einer imaginären Wand (wie eine Mauer), am Zuschauer zugewandten Rand (Rampe) der Bühne. Ihre fiktionale Welt sollte so nicht gestört werden, ein direkter Kontakt zum Publikum wurde vermieden. Nur der Zuschauer konnte durch diese imaginäre Wand schauen und sich so in das Geschehen einfühlen. Die Vierte Wand bekam vor allem später, im Illusionstheater des Naturalismus, eine große Bedeutung. Meyerhold und Brecht wandten sich dann wiederum, im Einsatz für ein desillusioniertes Theater, gegen die Vierte Wand.

Sturm und Drang (etwa 1765 bis 1785)

Der Sturm und Drang war eine literarische Bewegung in Deutschland, die keine politische Bedeutung hatte. Er wandte sich gegen die einseitige "herzlose" Aufklärung, die die Ratio zum höchsten Prinzip erklärte. Vielmehr sahen die "Sturm und Drängler" die Verbindung von Kopf und Herz als sinnvolles Mittel, um die Ideale der Aufklärung durchzusetzen. So wurde auch die Affektkontrolle und Triebunterdrückung der bürgerlichen Gesellschaft angeprangert (z.B. in Schillers Kabale und Liebe). Die pseudoaristotelischen drei Einheiten im Drama wurden durch dauernde Schauplatzwechsel, Massenszenen und Nebenepisoden aufgebrochen. Statt Mitleid und Furcht

(Lessing) waren nun Wut, Schrecken und Anklage die erstrebte Wirkung.

Weimarer Klassik (1786/1788 bis 1805)

Die Weimarer Klassik kann man auf ihre Hauptvertreter Johann Wolfgang von Goethe und Friedrich Schiller beziehen. Der Beginn wird mit Goethes Italienreise (1786/88) und das Ende mit Schillers Tod (1805) markiert. Eine andere Einteilung geht von 1794 bis 1805 aus. Denn am 21.Juli 1794 fand das entscheidende Treffen von Goethe und Schiller in Jena statt. Sie konnten dort ihre unterschiedlichen Standpunkte ergänzen und seitdem, bis Schillers Tod (1805), rund elf Jahre "Hand in Hand gehen".

Die Sturm und Drang-Phase brachte die Einsicht, dass das Theater keine unmittelbare politische Durchschlagkraft hatte. Das Theater als Instrument moralischer Erziehung zu sehen, wurde als gescheitert bzw. als wenig sinnvoll angesehen. Stattdessen trat die ästhetische Erziehung und Bildung des Publikums in den Vordergrund. Goethes inspirierende Italienreise, aber vor allem das Hauptwerk des Kunstgelehrten Johann Joachim Winckelmann (Geschichte der Kunst des Altertums, 1764), bewirkten eine veränderte Wahrnehmung der Antike und beeinflussten das Schaffen Goethes und später auch das Schaffen Schillers. Winckelmann schwärmte von der antiken Kunst nach apollinischen Schönheitsideal, deren Wesen er mit den Worten – "edle Einfalt und stille Größe" – charakterisierte. Damit wendete sich Winckelmann auch gegen die Kunst des Barock und des Rokoko, die völlig überladen war. Denn das apollinische Schönheitsideal basiert auf dem Dreiklang Maß, Harmonie und Vernunft. Dieser Dreiklang katalysierte die Vision eines ausgleichenden Miteinanders von Gefühl und Verstand, Natur und Kultur. Das was zuvor eher gegeneinander stand, wurde nun harmonisiert. Dieses Harmoniestreben findet sich vor allem in Goethes

Werk *Iphigenie auf Tauris* wieder. Iphigenie harmonisiert ihren Konflikt zwischen Pflicht und Neigung, also ihrer Verantwortung als Priesterin auf Tauris und dem Wunsch nach Rückkehr in ihre Heimat – und erfährt durch ihre Aufrichtigkeit letztendlich tiefste Menschlichkeit.

Harmonie und Menschlichkeit sind wichtige Motive der Klassik.

Johann Wolfgang von Goethe (1749-1832)

Johann Wolfgang von Goethe leitete zwischen 1791 und 1817 das Weimarer Hoftheater. Er richtete sich gegen eine imaginäre vierte Wand und wandte sich gegen die bloße Nachahmung der Natur, die auch Sinnloses und Zufälliges kopierte. Vielmehr wollte er die Präsentation des Ideals auf der Bühne, sozusagen eine Synthese des Wahren mit dem Schönen. Goethe formulierte in seinen *Regeln für Schauspieler* klare Anweisungen zu Sprache, Stellung auf der Bühne, zur Haltung der Hände und Arme etc. Diese präzisen Regeln erinnern an Franciscus Lang. Der Unterschied liegt aber darin, dass Goethe den Gesten und Stellungen keine eigene Bedeutung und Affekte zumaß. Sondern der Sinn entstand erst durch Kombination, in Bezug auf die Gesamtheit aller Elemente der Aufführung. Das Ganze, die Harmonisierung aller Elemente, keine Dominanz Einzelner im Ensemble, das Ensemblespiel als solches, das waren die Voraussetzungen für Goethe, die die Aufführung zum vollkommenen Kunstwerk werden ließen.

Romantik (1798-1835)

Die Romantik war eine vor allem europäische kulturgeschichtliche Epoche. Die Romantiker wandten sich gegen die aufklärerische Funktionalisierung der Kultur im Dienste pädagogisch-moralischer Zwecke. Ihr Anliegen war das Eindringen in die tiefen Sphären menschlicher Psyche, die sich in Märchen, Sagen oder Träumen spiegelt. Sie hatten die Sehnsucht nach der Erfahrung einer Wahrheit jenseits der Ratio. Die Künstler der Romantik nahmen keinen direkten Einfluss auf das Theater. Die wenigen Werke romantischer Dramatiker wurden kaum gespielt und im Idealfall als Lesedramen rezipiert.

Realismus (1850-1890)

Das Verhältnis von Literatur und Wirklichkeit, das war die entscheidende Frage des Realismus, die bis heute ungeklärt ist. Die Realisten forderten eine adäquate Darstellung der Realität. Durch den Realismus erfolgte eine erweiterte Auffassung der Mimesis des Aristoteles. Die Natur wurde im Sinne der Mimesis nun nicht nur bloß nachgeahmt, sondern die Realisten bezogen ihren Wirklichkeitsbegriff auf die menschliche Gesellschaft. Der Fokus wurde nunmehr auf die Darstellung der gesellschaftlichen Verhältnisse gelegt.

Naturalismus (ca. 1880 bis 1900)

Der Naturalismus hat die gleichen geistigen und sozialen Wurzeln wie der Realismus. Die Naturalisten empfanden sich aber als radikaler. Die Naturwissenschaft galt im 19. Jahrhundert als die Wissenschaft, die die Realität am besten zu erfassen vermochte. Deshalb musste sie nach Meinung der Naturalisten auch zur Grundlage der Kunst werden. Das Buch – *Die Naturwissenschaftlichen Grundlagen der Poesie (1887)* – von Literaturtheoretiker Wilhelm Bölsche, bezeichnet schon im Titel treffend diese Gesinnung. Der wichtigste Theoretiker des Naturalismus, Arno Holz, brachte das Wesen der Kunst des Naturalismus auf eine Formel: Kunst = Natur - x; dabei soll x das Material der Kunst sein. Also die Reproduktionsbedingungen in der Literatur (Sprache, dichterische Formen) oder im Theater, das was es braucht die "Natur" auf die Bühne zu bringen. Dieses X sollte aber möglichst nach Null tendieren.

Unnötige Schnörkeleien und Konventionen waren auf der naturalistischen Bühne völlig verpönt. Und hier, im Naturalismus, erlebte die Illusionsbühne ihre Blütezeit, mit der Vierten Wand (s. oben) und maximaler Einfühlung.

Konstantin Sergejewitsch Stanislawski (1863-1938)

Zusammen mit Wladimir Nemirowitsch Dantschenko, eröffnete der Schauspieler und Regisseur Stanislawski 1898 das Moskauer Künstlertheater. Er wandte sich gegen alberne Konventionen in Inszenierung und Bühnenbild, das Starsystem und den Spielplan der damaligen Bühnen. Sein Programm entsprach weitgehend dem deutschen und französischen Naturalismus. Stanislawski trat kompromisslos für Wirklichkeitstreue ein. Die Szenerie sollte milieuecht und die Handlungen wahrhaftig sein. Vom Schauspieler forderte er die Identifikation mit seiner Rolle. Er entwickelte ein eigenes System und eine Psychotechnik, die den Schauspieler in die Lage versetzen sollte, seine Rolle und sein Spiel wahrhaftig zu gestalten. Das naturalistische Illusionstheater mit seiner Guckkastenbühne und seiner vierten Wand existiert im Zeitalter des 21. Jahrhunderts nicht mehr in dieser strengen Form. Dennoch hat das Stanislawski-System – in der Ausbildung von Schauspielern für Theater und Film – immer noch seinen Stellenwert. Lee Strasbergs und Stella Adlers Lehre beruhen auf einer Weiterentwicklung eben dieser Schauspieltechnik.

Lee Strasberg (1901-1982)

Aufgrund einer Gastspielreise des Moskauer Künstlertheaters durch die USA 1923, kam der junge Lee Strasberg das erste Mal mit dem Stanislawski-System in Berührung. Insgesamt hatten die Gastspielreisen große Begeisterung und Interesse ausgelöst. Auch der junge Strasberg war entfacht von dieser Schauspielkunst und wollte Schauspieler werden. Er studierte aber nie bei Stanislawski persönlich, sondern, wenig später, studierte er am American Laboratory Theatre, bei den ehemaligen Schülern und Kollegen Stanislawskis, Richard Boleslawski und Maria Uspenskaya.

Viele Jahre später gründete Lee Strasberg zusammen mit Cheryl Crawford und Harold Clurman das Group Theatre in New York. Das Group Theatre sah sich als Alternative zum kommerziellen Broadway-Theater und führte die naturalistische Spielweise in Amerika ein. 1941 löste sich das Group Theatre auf. Später wurde Lee Strasberg zum künstlerischen Leiter des Actors Studio in New York berufen. Lee Strasberg leitete das Actors Studio bis zu seinem Tod. Zusätzlich gründete Strasberg 1969 seine Schauspielschule, das *Lee Strasberg-Institut.* Dieses lehrt bis heute die reinste Form, der von Lee Strasberg entwickelten *Method- Acting.* Die Method wurde und wird von den Nachfolgern Strasbergs und deren Schülern weiterentwickelt. Und so sollte man manchmal hinterfragen, was sich unter dem Label Method-Acting hier und da wirklich verbirgt.

Stella Adler (1901 bis 1992)

Stella Adler wurde 1901 in New York geboren und starb 1992 in Los Angeles. Sie war eine US-amerikanische Bühnen und Filmschauspielerin, sowie Schauspiellehrerin. Stella Adler stammte aus einer jüdisch-amerikanischen Schauspielerfamilie. Ihr Vater Jacob P. Adler war einer der großen Stars des Jiddischen Theaters. Adlers Bühnenlaufbahn begann mit fünf Jahren in Produktionen ihres Vaters. Stella wurde von ihm geprägt, genauso wie ihre Geschwister, von denen einige ebenfalls Schauspieler wurden. So bekam Stella, sozusagen aus erster Hand, die für Schauspieler unabdingbaren Gewohnheiten und Verhaltensweisen nahe gebracht.

Stella Adler begegnete dem Regisseur Harold Clurman, mit dem sie später auch verheiratet war. 1931 gründete Harold Clurman zusammen mit Lee Strasberg und Cheryl Crawford das Group Theatre. Stella Adler schloss sich dem Group Theatre an, obwohl dies in finanzieller Hinsicht ein Rückschritt gewesen sein muss, da sie schon auf Erfolgskurs schwebte, aber sie teilte Clurmans Visionen. Stella Adler nahm später persönlich von Stanislawski Unterricht. Als sie zurückkehrte, war sie sicher, dass Strasberg Stanislawskis Lehre völlig falsch interpretierte. Strasberg sah das aber nicht ein und so ergaben sich unversöhnliche Gegensätze zwischen Adler und Strasberg. Stella wandte sich nach 1937 endgültig vom Group Theatre ab. In Kapitel 2 werden wir noch sehen, wie wir diesen Disput einordnen können. Erstaunlich ist, dass die Method-Acting Strasbergs bis heute in aller Munde ist. Stella Adler ist weitaus weniger bekannt, hat sie aber doch auch erfolgreich unterrichtet. Auch sie hat, wie Strasberg, erfolgreiche, berühmte Schauspieler hervor gebracht. Einer davon ist Marlon Brando. In den Kapiteln 3.1 bis 3.3 wollen wir uns beiden Lehrern zuwenden.

Das politische Theater der russischen Revolution

Seit der Antike wurden die herrschenden politischen Zustände auf der Bühne immer wieder verherrlicht oder angeprangert. Über das, was das Theater soll und kann, wird bis heute herrlich gezankt. Ist Theater reine Unterhaltung und Belustigung, soll es den Menschen von seinem bitteren Alltag ablenken? Oder soll es etwas bewirken und wenn ja, wie und was kann und soll Theater bewirken? Soll es politische und gesellschaftliche Zustände und Probleme aufzeigen? Oder soll Theater psychologisch sein und individuelle, tiefschichtige Figuren zeichnen?

Stanislawskis Illusionstheater war den kulturellen Vorkämpfern der russischen Revolution zu unpolitisch, sie forderten ein anderes Theater. Das Theater schien der politischen und theatralischen Avantgarde generell geeignet, um in dem proletarischen Publikum kommunistisches Bewusstsein zu entfachen. Gegründete proletarische Laienspielgruppen waren zum einen ein Instrument der Propagandamaschine. Zum anderen war, im Sinne einer proletarischen Kultur (Proletkult), das Spiel der Akteure selbst, eine praktische Einübung von kollektivem Tun und revolutionärem Handeln. Neben dem Amateurtheater gab es eine professionelle Avantgarde unter der Führung von **Wsewolod Emiljewitsch Meyerhold**. Meyerhold war Stanislawskis Schüler, sah aber im naturalistischen Illusionstheater und der Psychologisierung keine geeignete Form bzw. Mittel für ein politisches Theater. 1920 wurde Meyerhold Leiter der Theaterabteilung im sowjetischen Ministerium für Bildung und Kultur. Unter dem Titel *Theateroktober* fand eine systematische Umstrukturierung statt, es entwickelte sich eine revolutionäre Theaterästhetik. Wichtig zu sehen ist, dass Meyerhold und seine Gefährten nicht nur das Theaterkonzept auf den Kopf stellten, sondern Meyerhold eine neue Schauspieltechnik entwickelte, die *Biomechanik*. Damit wollen wir uns später noch etwas beschäftigen.

Michael Tschechow (1891-1955)

Wenn wir Tschechow hören, denken wir meist an den großen Schriftsteller Anton Pawlowitsch Tschechow. Michael Tschechow war sein Neffe, im Bereich der Schauspielkunst und Lehre aber nicht weniger bedeutend. Konstantin Stanislawski erkannte Michael Tschechows herausragendes Talent und nahm ihn 1913 in sein Moskauer Künstlertheater auf. Zunächst war er Schüler, später Mitarbeiter Stanislawskis. Zwischen den Jahren 1917 bis 1918 musste sich Tschechow von der aktiven Theaterarbeit zurückziehen, da er psychisch erkrankte (siehe: anthrowiki.at/Michael_Tschechow).

Im Gegensatz zu seinem Lehrer Stanislawski, lehnte es Tschechow ab, dass Schauspieler aus ihrer persönlichen Biografie schöpfen und mit ihren eigenen Gefühlen spielen, stattdessen sollen sie eine bildhafte Imagination der Rollenfigur entstehen lassen und sich mit ihr über das Mitgefühl verbinden. Er erkannte, dass die Inspiration des Künstlers über der rein materialistischen, sinnlichen Erfahrung steht. Tschechow kam über verschiedene spirituelle Literatur zur Anthroposophie und damit auch zu Rudolf Steiner, den er auch persönlich kennen lernte. Neben Steiner und Stanislawski, hatten aber auch noch andere wichtige Künstlerpersönlichkeiten Einfluss auf Tschechow. Darunter vor allem der früh verstorbene Regisseur Wachtangow, dessen Leitung, des Ersten Studios am Moskauer Künstlertheater, Tschechow, nach dessen Tod, 1922 übernahm. Die geistig-spirituelle und weniger materialistische Haltung Tschechows, brachte ihn in zunehmenden Konflikt mit dem damals herrschenden Sowjetregime. 1928 floh er nach Berlin. Es folgte eine ruhelose Zeit, in der Tschechow durch Europa – von einem Theaterengagement zum nächsten – zog. In Wien und Berlin arbeitete Tschechow mit Max Reinhardt zusammen. 1935 gründete Tschechow in England sein *Cechov Theatre*, mit angeschlossener Schauspielschule, welches er im Dezember 1938 nach Ridgefield bei New York/ USA verlegte. Von dort, dem neu eröffneten Schauspielstudio, gingen seine Schüler als *Cechov Players* auf Tournee. Leider wurden die meisten seiner Schüler 1942, aufgrund des 2.Weltkrieges, an die Front geschickt. Tschechow musste sein Studio schließen. Nicht zuletzt gegen seine tiefere künstlerische Überzeugung, aber aus wirtschaftlichen Zwängen, unterzeichnete Tschechow einen Filmvertrag mit Hollywood, wo er in zahlreichen Filmen unter namhaften Regisseuren mitwirkte.

Als Lehrer war auch Tschechow sehr erfolgreich, einer seiner Schüler war Robert Lewis, Mitgründer des New York Actors

Studios. Zudem verwenden bzw. verwendeten berühmte und legendäre Schauspieler, wie Clint Eastwood, Marilyn Monroe etc., die Tschechow-Methode. Ich gebe Tschechow in diesem Buch angemessenen Raum und stelle seine Methode und Lehre in wesentlichen Punkten vor.

Erwin Piscator (1893-1966) und Bertolt Brecht (1898-1956)

Die radikalste Form des politischen Theaters der Weimarer Republik vertrat der Regisseur und Theaterleiter Erwin Piscator. 1919 gründete er das *Proletarische Theater.* Auf dieser Plattform sollte Politik gemacht werden. Der Zuschauer sollte direkt zur politischen Aktion motiviert werden. 1927 übernahm Piscator die Leitung des Theaters am Nollendorf-platz und gründete so seine erste *Piscator Bühne.* Für ein überwiegend bürgerliches Theaterpublikum entwickelte Piscator das Konzept eines *dokumentarischen Theaters,* das komplexe politische und wirtschaftliche Zusammenhänge analysieren und aufzeigen sollte. Er verzichtete auf eine dekorative Bühnenästhetik und stellte eine gigantische technische Maschinerie auf die Bühne. Für die epische, dokumentarische Form, nutzte Piscator vor allem die Projektion: Auf Tafeln und Leinwänden wurden Texte, Filmaufnahmen, statistisches Zahlenmaterial, Karikaturen u.a. projiziert. In **Bertolt Brecht**, der zunächst bei Piscator als Dramaturg wirkte, fand sich der Autor des neuen *epischen Dramas.* Die konsequente Vermischung von Epos und Drama war nun ein endgültiger Bruch mit Aristoteles. Illusionstheater und Psychologisierung waren Brecht keine geeigneten Mittel, um veränderungsbedürftige Zustände zu zeigen. Mit Brecht begegnen wir hier also einem *desillusionierten* und *Nicht-Aristotelischem* Theater. Auch auf Bert Brechts Vorstellung von Theater und Schauspiel gehe ich noch näher ein.

Jerzy Grotowski (1933-1999)

In Opole steht eine Grotowski-Statue, die an den großen polnischen Künstler erinnern soll. In diesem Ort gründete Grotowski 1959 auch sein *Theater-Laboratorium*, wie es später heißen sollte. Vorher studierte er Schauspiel und Regie und beschäftigte sich auf seinen Reisen, nach Moskau, Mittelasien und China, mit unglaublich vielen verschiedenen Methoden und Konzepten des Theaters. Zwischen 1961 und 1968 beschäftigte sich Grotowski hauptsächlich mit der Ausbildung von Schauspielern. Der Körper und die Neudefinition der Zuschauer- und Schauspielerrolle standen im Mittelpunkt seiner Forschung. Jerzy Grotowski entwickelte seine Vorstellung, sein Konzept eines **Armen Theaters.** Wir werden uns später noch damit auseinandersetzen.

Das absurde Theater (ab 1950)

Eines der bekanntesten Werke des absurden Theaters ist *Warten auf Godot,* von *Samuel Beckett*: Zwei Landstreicher, Wladimir und Estragon, warten auf einen gewissen Godot, sie wissen nicht, wer er ist, woher er kommt und was er ihnen konkret bringt oder nutzt und ob es ihn überhaupt gibt. Godot kommt nicht. Das wird ihnen irgendwann auch klar, sie warten aber weiter und vertreiben sich die Langeweile beim Warten mit allerlei Sinnlosigkeiten und Geplänkel. Schon allein das Warten ist absolut sinnlos. Der Sinn im Absurden Theater ist die Sinnlosigkeit selbst. Es gibt keine logisch aufgebaute Handlungsfolge, keine zielgerichtete Aktion. Die Sprache ist keine Sprachhandlung, die als kommunikatives Element die Handlung vorantreibt, erklärbar macht oder irgendwie begründet. Die Figuren sind keine Charaktere, besitzen keine Personalität im Sinne einer psychologischen Konstitution. Sie haben keine Ziele, Wünsche, Träume oder machtvolle Begehrlichkeiten und damit tragen sie keine Konflikte aus. Die Dialoge sind sinnlos und oft nicht in Kongruenz zu einer physischen Handlung, sondern in Inkongruenz, also im Widersinn dazu und damit auch durchaus komisch. Statt einer inhaltsvollen Tiefe und Ich-Identifikation der Figur, findet man Leere vor. Deshalb kann sich die Figur nicht von innen nach außen vermitteln. Sondern die Bewegung, die Mimik und Gestik ist vielmehr mechanisch, automatisch und ohne erkennbaren Sinn von außen gesteuert – die Figuren wirken mitunter wie Marionetten.

Die Figuren entwickeln und entfalten sich nicht horizontal von der einen Situation zur Nächsten, getrieben von einem zielorientierten, unbedingtem Willen. Vielmehr leben sie im Hier und Jetzt. Ihr Handeln, ihr Streiten entsteht aus dem Moment, für den Moment, hat keinen Sinn und kein übergeordnetes Ziel. Auf den Zuschauer wirkt absurdes Theater eher wie absurd gespielt. Denn es fällt oft schwer zuzugeben, dass nicht die Darstellung, sondern die Gegebenheiten, aus der die Darstellung erwächst, absurd sind.

Augusto Boal

Augusto Boal wurde am 16.03.1931 in Rio de Janeiro, Brasilien, geboren. Er studierte Chemie und Theaterwissenschaften und gilt als einer der wichtigsten Theatermacher und Pädagogen. Sein Anspruch war, mit Theater die Realität nicht nur zu interpretieren, sondern diese auch zu verändern. Das *Theater der Unterdrückten,* dessen wichtigste Form das *Forumtheater* ist, soll zur Wahrnehmung, Veranschaulichung und Sensibilisierung der Beteiligten über autoritäre Strukturen und Unterdrückung beitragen. Es soll Menschen motivieren, ihr Leben selbst in die Hand zu nehmen und sich gegen Unterdrückung zu wehren. Die Pädagogik des Theaters der Unterdrückten beruht auf Paulo Freire. Was Unterdrückung aber wirklich ist, hat der Brasilianer Boal nicht nur theoretisch erkundet, sondern leibhaftig selbst erfahren. Während seiner Exilzeit in Europa, beeinflusste Boal auch die hiesige Theaterpädagogik enorm. Wenn Sie einen flammenden, blutrünstigen Krieg zwischen Theaterwissenschaftlern initiieren wollen, so stellen Sie einfach die Frage, ob denn die Methoden Boals Theater seien. Auch wir werden uns ansatzweise, aber friedlich, damit auseinandersetzen. Am 2. Mai 2009 starb Boal.

Keith Johnstone

Johnstone wurde 1933 in Devon geboren. Er arbeitete als Regisseur, Dramaturg und Studioleiter am Royal Court Theatre in London und lehrte an der Royal Academy of Dramatic Art. Keith Johnstone sah, dass seine Schauspieler zu befangen waren, entlang verschiedenster Regeln agierten. Um mehr Spontanität zu erregen, negierte er diese Regeln und animierte die Künstler dazu, auf der Bühne Grimassen zu schneiden, sich spielerisch zu ärgern, sich jetzt nicht zu konzentrieren etc. Er sah, dass dies alles funktionierte und sich seine Darsteller frei spielten. Unter dem Label Theatersport, entwickelte Johnstone eine Form modernen Improvisations-theaters: Zwei Mannschaften von Schauspielern spielen um die Gunst des Publikums bzw. eines Schiedsrichters. Das was heute aber unter Theatersport oder anderen Namen läuft, unterscheidet sich teilweise von Johnstones ursprünglicher Idee, beispielweise darin, dass es in der Regel reine Impro-Comedy ist und nicht auch – wie Johnstone forderte – ernste Elemente enthält. Johnstone vertrat die Auffassung, dass Geschichten von Dominanz und Unterwerfung handeln und sich die Figuren in der Geschichte gegenseitig verändern müssen. Keith Johnstone und der Statusthematik begegnen wir also in Kapitel 4 wieder.

Postdramatisches Theater

Der Begriff Postdramatisches Theater stammt aus der Feder des Theaterwissenschaftlers Hans Thies Lehmann. In seiner gleichnamigen theoretischen Abhandlung *Postdramatisches*

Theater – skizziert und untermauert Lehmann eine Entwicklung im Theater, die seit den 60er Jahren bis heute stattfindet. Wir wollen im letzten Kapitel die Postdramatik etwas genauer unter die Lupe nehmen.

2   Schauspielarbeit nach dem Stanislawski-System

Der Begriff System – für die Werke und die Lehre Stanislawskis – katalysiert unter den WissenschaftstheoretikerInnen kontroverse Diskussionen. Stellt man sich doch unter einem System eine Ordnung vor, die auf wissenschaftlichen Voraussetzungen fußt und deren Elemente allgemeingültig, lückenlos und widerspruchsfrei in einem funktionalen Zusammenhang stehen. Wie wir sehen werden, kann Stanislawskis Schaffen nicht als ein durchgängiges, widerspruchsfreies Werk dargestellt werden. Es genügt sicher nicht strengen wissenschaftlichen Anforderungen, zumal Stanislawski Praktiker und kein Wissenschaftler war. Dennoch schaffte es Stanislawski – wie vor ihm kein Anderer – den komplexen Vorgang schauspielerischen Schaffens in viele Einzelteile und Arbeitsschritte zu zerlegen, zu beschreiben und in einen Zusammenhang zu bringen. Dabei übten die Arbeiten zeitgenössischer Psychologen und Physiologen einen wichtigen Einfluss auf Stanislawski aus. In diesem Sinne darf durchaus von einem System gesprochen werden, wenn auch mit Vorbehalt.

Der/Die Schauspieler(in) sieht sich als Künstlerpersönlichkeit dem Phänomen ausgeliefert, dass er/sie nicht nur gestaltende Person ist, sondern zugleich auch Material. Ein Maler bearbeitet sein Bild, ein Musiker spielt sein Instrument. Gestalter und Material sind hier nicht eins. Das ist bei einem/einer Schauspieler(in) – wie vielleicht auch noch bei einem/einer Sänger(in) – etwas völlig anderes. Während SängerInnen aber eher den Fokus auf die Stimmbildung und Stimmführung und den Zusammenhang Körper, Stimme, Ausdruck legen, ist der Vorbereitungsprozess für SchauspielerInnen wesentlich komplexer und tiefgehender. Dieser aber ist die Grundvoraussetzung für das Gestalten. Stanislawskis

System gliedert sich deshalb also in zwei Hauptteile: *Die Arbeit des Schauspielers an sich selbst* und *Die Arbeit des Schauspielers an der Rolle.*

Der erste Teil umfasst in ca. 30 Jahren gewachsenes, nicht ganz widerspruchfreies Material. Der zweite Teil stellt sich fragmentiert dar.

Stanislawskis System ist keine ideelle Eingebung, die von Anfang an "überliefert" wurde, sondern es beruht auf ständiger Weiterentwicklung Stanislawskis, bis zu seinem Tod. Dazu beobachtete er schauspielerische Arbeitsprozesse, unternahm praktische Versuche bei Inszenierungen und beim Ausbilden junger SchauspielerInnen und befragte KollegInnen nach ihren Arbeitstechniken. Seine Lehre blieb ständig in Bewegung.

Bis heute gibt es allerlei wissenschaftliche Auseinandersetzung um das "System" Stanislawskis. Es gibt die durchaus umstrittene Einteilung in die *Frühphase* und *Spätphase* des Wirkens Stanislawskis. Nach Dieter Hoffmeier entsprach die Frühphase einer *"Psychotechnik des Erlebens"* und erstreckte sich von 1909 bis 1925. Der Spätphase, ab ca. 1929, entsprach eine Methodik, die das *Physische Handeln* der SchauspielerInnen zum Ausgangspunkt wählte. (vgl. Hoffmeier 1993: S. 153).

Wie schon in Kapitel 1 erläutert, gab es einen Disput zwischen Stella Adler und Lee Strasberg, der durchaus mit der unterschiedlichen Rezeption der Lehre Stanislawskis verstanden werden kann. Strasberg lernte am American Laboratory Theatre die Frühform der Stanislawski-Lehre kennen. Adler ließ sich 1934 persönlich von Stanislawski unterrichten und berief sich auf die Lehre Stanislawskis in seiner Spätphase (vgl. Hoffmeier 1993: S. 154-155).

Nicht selten wird in der Praxis unterschlagen, dass es eben nicht nur den Einen Stanislawski gibt. Oft lernen SchauspielschülerInnen "den Stanislawski" kennen, ohne zu wissen, dass es eben den einheitlichen widerspruchslosen Stanislawski gar nicht gibt. Angelehnt an Hoffmeier, können wir auch verstehen, warum es hier und da zu Zank und Streit um "das System Stanislawski" kommt. Die Streitenden berufen sich eben nicht selten auf ihre Rezeption des frühen oder späten Stanislawski, oder noch schlimmer, auf die Rezeption ihrer Lehrer.

Im Idealfall sollte die moderne Schauspielpädagogik sowieso nicht nur nach einer Methodik oder gar dogmatisch vorgehen, sondern, soweit wie möglich, systemübergreifend und integrativ. Die Kenntnis der "reinen Lehre" der einzelnen Konzeptionen ist aber durchaus sinnvoll. Dazu wäre eine undogmatische und offene Haltung gegenüber den einzelnen "Systemen" wünschenswert. Gerade Stanislawski war am individuellen Vorgehen der SchauspielerInnen interessiert. Denn er wusste, dass Schauspielarbeit niemals eine kollektivistische, verallgemeinerbare Angelegenheit ist, sondern sie ist stets abhängig vom Einzelnen. Deshalb ist es umso erstaunlicher, dass er die einzelnen Elemente und Arbeitsschritte zu einem "System" zusammenfügte, wenngleich nicht ohne Widerspruch und bis zum Schluss in ständiger Weiterentwicklung. Am Ende bleibt jede(r) darstellende Künstler(in) gehalten sein/ihr eigenes System zu konstruieren, welches auch nur individuell bleibt. Das gelingt aber nicht aus dem "Nichts", sondern nur durch Vorlage bewährter Techniken und Arbeitsanweisungen.

Im Folgenden sollen die wesentlichen Elemente der Lehre Stanislawskis dargestellt werden. Dabei halte ich mich im Wesentlichen an die Rezeption und Didaktik von Felix Rellstab, ergänzt um zahlreiche Beispiele, Hinweise und Ergänzungen, vor allem aus der und für die Praxis. Kapitel 2.8 beschreibt dann auch *Die Arbeit an der Rolle*.

2.1   Die Grundpfeiler des Systems

Um ein besseres Verständnis des Stanislawski-Systems zu erhalten, betrachten wir uns im Folgenden ein paar Übungen, die in der Grundlagenausbildung so oder ähnlich durchgeführt werden.

Die erste Übung bezieht sich auf die Handlung:

Ein(e) Schüler(in) wird auf die Bühne geschickt, mit der Aufgabe dort zu sitzen und hin und her zu schauen, einfach so. Die anderen StudentenInnen wissen nichts von der Aufgabenstellung und sollen den Protagonisten beobachten.

Spannend ist, was die BeobachterInnen später so alles erzählen, was Sie gesehen haben oder auch nicht gesehen haben. Das Phänomen der subjektiven Wahrnehmung des Betrachters lassen wir jetzt mal außer Acht.

Dennoch fehlt irgendetwas. So unterschiedlich die Wahrnehmung der zuschauenden Personen auch sein kann, es fehlt die klar erkennbare Motivation, die zündende Idee, das für oder wegen etwas sitzen. Dafür kann der Schüler oder die Schülerin nichts, denn das war die undankbare Aufgabe.

Eine folgende Übung kann jetzt sein, eine(n) andere(n) Schüler(in) mit veränderter Aufgabe zum Sitzen zu schicken: Er/Sie soll sich vorstellen, dass er/sie müde von der Arbeit nach Hause kommt und das dringende Bedürfnis hat sich zu setzen und auszuruhen. Die Lehrkraft hat fast unendliche Möglichkeiten sich Aufgaben ausdenken, aber jetzt wird etwas beobachtet, das sich aus einem Grund ereignet. Handlung geschieht nicht der Handlung wegen, sondern es gibt eine Motivation, eine Idee, ein Bedürfnis oder einen Grund etwas zu tun. Handlung muss nicht bewegungsreich sein, sie kann auch relativ regungslos stattfinden. Aber mindestens eine Idee, einen Gedanken, ein inneres Erleben muss der/die

Darsteller(in) nach Stanislawski ernsthaft haben. Ein actionreiches Laufen oder Rumturnen eines gutaussehenden Protagonisten auf der Bühne wird erst dann im Sinne Stanislawskis Theater, wenn es die Absicht des Turners ist, anwesende weibliche Mitspieler oder Zuschauerinnen bewusst in erotische Ekstase zu versetzen. Denn dann hat die Handlung einen Sinn, dann ist sie begründet. Einfaches Rumturnen, schreien, tobsüchtige und sonstige Ausbrüche, als Effekthascherei, waren Stanislawski ein Graus.

In der Logik des Systems sind sogenannte *leere Gänge* verpönt, also gehen um des Gehens Willen oder ähnliches. Leere Gänge auf der Bühne können in der Praxis entstehen, wenn vom Protagonisten gefordert wird, sich von A nach B zu bewegen, da dies äußere technische Gründe erfordern, z.B. Lichttechnik oder vergleichbares. Dabei wird in der fiktiven Szene aber keine, für die ZuschauerInnen erkennbare Motivation gesetzt, und damit ein "leerer Gang" erzeugt. Als SchauspielerIn sollte man daher immer darauf achten, dass sich solche Motivationen in der Szene, aus der Situation ergeben und vermittelbar werden. Wenn ein/eine Schauspieler(in), beispielsweise in einer aufwendigen, großen Produktion, aus technischen Gründen nicht am Punkt A, sondern am Punkt B abgehen soll, so sollte man eine Motivation in der Szene anlegen, die die Figur zu Punkt B bringt. Der Protagonist sollte nicht, wie von "Geisterhand" geführt, dorthin "wandern".

Ebenso merkwürdig und nicht im Sinne Stanislawskis ist es, wenn DarstellerInnen plötzlich seltsam um etwas herum gehen und nicht den möglichen direkten Weg nehmen. Wenn ein Umweg gegangen wird, so muss sich dies dem Publikum aus der fiktionalen Welt heraus vermitteln. Die Begründung für solche Wege sollte nie sein, dass dies äußere technische Gründe habe, denn die spielen für den/die Schauspieler(in), aber nie für die Figur eine Rolle.

Nach Stanislawski muss Handlung begründet, zweckmäßig und produktiv sein. Die Handlung, die Stanislawski in die *innere* und *äußere* Handlung einteilt, ist ein erster Grundpfeiler der Plattformen Erleben und Verkörpern. Stanislawski erkannte letztendlich, dass innere und äußere Handlung in *psychophysischer Wechselwirkung* stehen. Die äußeren Handlungen, wie Gänge und sonstige Tätigkeiten, beziehen sich auf innere Vorgänge. Inneres muss Äußeres anregen und umgekehrt.

Der zweite Grundpfeiler ist das Gefühl. Das Gefühl ist nie zuerst da, sondern immer eine Folge. Wie die Handlung müssen Gefühle begründet sein. Es geht also nicht um das Heulen auf der Bühne, als gäbe es "kein Morgen mehr", sondern um wahrscheinliche, angemessene Gefühle in einer gegebenen Situation. Wahrhaftig ist das, was auch wahrscheinlich ist. Denn im realen Leben reagieren Sie auch der Situation gemäß und nicht gekünstelt, übertrieben oder sonst irgendwie merkwürdig.

Um das zu verdeutlichen hier nochmal eine bekannte Übung:

Eine Lehrkraft gibt vor, eine Münze auf der Bühne versteckt zu haben. Die StudentInnen sollen diese suchen. Das ist die Aufgabe. Meistens sucht die Schülerschaft mehr oder weniger motiviert um des Suchens Willen. Oder schlimmer: man tut so, als würde man suchen. Nun aber die Aufgabe etwas verändert: Die StudentInnen sollen sich vorstellen keinen Cent Geld zu besitzen und Sie müssten sofort die Gebühr der Schauspielschule bezahlen, ansonsten würden Sie hinaus geworfen. Ein Freund versprach Ihnen diese einzige Münze, die sehr wertvoll sei. Mit dieser Münze sind alle Probleme gelöst, aber ohne sie verlieren Sie Ihren Studienplatz und ihre gesamte Existenz. Leider hat der Freund Demenz und völlig vergessen, wo er diese Münze hingetan hat. Und nun sollen die StudentInnen suchen.

Jetzt bekommt das Suchen etwas Substanzielles. Von dem Suchen bzw. vom Finden dieser wichtigen Münze hängt die gesamte Existenz ab. Wenn man sich in diese Situation hinein versetzt, sich vorstellt die nackte Existenz hängt vom Sucherfolg ab, dann sucht man ganz anders. Nun suchen die StudentInnen nicht mehr nur noch einfach so, sondern mit dem nötigen Stress, der Nervosität, die zunimmt, je länger man ohne gewünschtes Ergebnis sucht. Entsprechend stellen sich Empfindungen ein, die der zugrunde gelegten Situation angemessen und wahrhaftig sind. Natürlich wird die Münze nie gefunden, da der Dozent keine Münze versteckt hat, das wissen die Suchenden aber nicht.

Wenn man einen solchen Grund zu suchen hat, so wird die Handlung nicht nur begründet, sondern auch wahrhaftig. Wahrhaftiges Handeln ist immer begründet, zweckmäßig und produktiv. Wahrhaftige Gefühle sind nicht aus dem "Hut gezaubert", nicht gespielt, sondern erlebt. Wenn Sie verzweifelt etwas suchen, das ihr ganzes Sein bestimmt, von dem alles abhängt, so tun Sie das in Ihrer Vorstellung von der Situation, mit den für die gegebene Situation wahrscheinlichen Empfindungen.

Stanislawski war damals ein Revolutionär, er protestierte gegen unnötige "Schnörkeleien" im Theater, gegen alles nur "Gespielte" und "Vorgeführte".

Der dritte Grundpfeiler ist die Psychotechnik, die vereinfacht gesagt nichts anderes ist, als die konsequente Anwendung aller Elemente des "Systems".

Wir haben es also nach der Rellstab-Rezeption mit drei Grundpfeilern zu tun:

    a.) Die Handlung
    b.) Echtheit des Gefühls
    c.) Psychotechnik

Auf diesen Grundpfeilern stützen sich zwei Plattformen: Das *Erleben* und das *Verkörpern*. Wie wir in Kapitel 2 gesehen haben, beschäftigte sich Stanislawski in der Frühphase in erster Linie mit der "Psychotechnik des Erlebens". In seiner Spätphase erst, erfasste Stanislawski das Erleben und das Verkörpern als psychophysischen Parallelismus, also das Gleichzeitige von Innen und Außen, von Seelischem und Körperlichem. In der Frühphase Stanislawskis erkannte auch die Psychologie die Ganzheitlichkeit des Psychophysischen noch nicht. Gleichwohl erkannte die Wissenschaft die Verbindung von Körper und Seele, aber mehr als einen nacheinander geordneten, denn als einen gleichzeitigen Prozess. (siehe Hoffmeier 1993: S. 366-367)

Es macht aus theoretisch-didaktischen Gründen auch Sinn, das Erleben und das Verkörpern zunächst getrennt zu betrachten, um die Elemente und Arbeitsschritte detailgetreu abzubilden. Dafür hat Stanislawski, der große Schauspieler, Regisseur und Lehrer, sein ganzes Leben gewidmet.

Stanislawski definierte drei Antriebskräfte des physischen Lebens, damit Erleben und Verkörpern in Gang kommen. In den früheren Arbeiten benannte er sie mit Verstand, Wille und Gefühl. Später benannte er sie mit *Vorstellung, Urteilsvermögen und Wille-Gefühl.* (vgl. Rellstab 1980: S. 18)

Vorstellung

Stanislawski sah das Sehen, Fühlen und Handeln auf der Bühne von einem – *Filmstreifen von Bildern und Vorstellungen, der gleichsam durch unser Inneres läuft* – angetrieben.
(vgl. Rellstab 1980: S. 19)

Dazu aber an späterer Stelle mehr.

Urteilsvermögen

„Urteilsvermögen ist als eine erhellende, eine tief in die Probleme dringende, in ihrer Wirkung eine positive, das psychische Leben entfaltende Kraft zu begreifen. Klarheit über die inneren und äusseren Handlungen und beispielsweise gesichertes Wissen über die Situationen sind die Voraussetzungen für das angestrebte Erleben."
(Rellstab 1980: S. 19)

Wille-Gefühl

Der Wille ist ein Beweger, er erweckt Begehren. Allerdings sah Stanislawski letztendlich nicht die scharfe Trennung zwischen dem Einsatz des Willens und dem Entstehen eines Gefühls zu vollziehen. Deshalb erweiterte er später die Begriffe zu einer Einheit Wille-Gefühl.
(vgl. Rellstab 1980: S. 19)

Es existiert in den verschiedenen Rezeptionen von Stanislawski sowohl die Dreiheit – Verstand, Wille und Gefühl – als auch die Dreiheit Vorstellung, Urteilsvermögen und Wille-Gefühl. Während die Theoretiker ihre "Messer wetzen" und sich auf den Streit über die "richtige" Dreiheit einstellen, sollte der Praktiker sich bloß über die Unterschiede bewusst werden. In seiner ersten Version stellte Stanislawski den Verstand an vorderster Stelle und damit den Intellekt, die Fähigkeit zur Analyse, Differenzierung und Urteilsbildung. Verstand ist also bei Stanislawski kein unwichtiger Faktor.

Wir halten fest: In der Rellstab Rezeption bilden Handlung, Echtheit des Gefühls und Psychotechnik die Grundpfeiler. Darauf stützen sich die beiden Plattformen Erleben und Verkörpern, die wir heute als in Wirklichkeit untrennbare Einheit verstehen dürfen. Dennoch macht es aus methodisch-didaktischen Gründen Sinn, diese gleichberechtigten Plattformen für sich in ihre Einzelheiten zu zerlegen. Die drei

Antriebskräfte, Verstand, Wille, Gefühl bzw. Vorstellung, Urteilsvermögen, Wille-Gefühl, treiben das Erleben und Verkörpern an.

2.2 Elemente und Psychotechnik des Erlebens

Um Handlung wahrhaftig darstellen zu können, führte Stanislawski die *Als ob* ein. Als bekanntes Beispiel benannte Stanislawski das des "Türe öffnen". Es gibt viele Gründe die Türe zu öffnen. Wenn man sich vorstellt, dass ein Tobsüchtiger vor der Türe steht, öffnet man die Türe aber anders, als wenn man weiß, dass die holde schöne Nachbarin oder der schöne Nachbar einem ein Geschenk überreichen will.

Wichtig ist hierbei aber zu wissen, dass die Forderung nicht lautet, zu glauben, dass der Tobsüchtige wirklich vor der Türe steht, denn das würde selbst den/die stärkste(n) Schauspieler(in) früher oder später in die Psychiatrie führen. Sondern der Protagonist öffnet die Türe, als ob vor der Türe dieser Tobsüchtige steht. Er spielt also unter einer Annahme, eben unter fiktiven Bedingungen. Das Als ob führt den/die Schauspieler(in) in die richtige Haltung und Handlung.

Wenn ich mich verhalte, als ob ich eine Überdosis Schlafmittel zu mir genommen habe, kann mein Handeln nur wahrhaftig sein, ich unterlasse jede unnötige Anbahnung von dramatischen Sterbens als Effekthascherei. Nein, das Sterben ist der fiktive Vorgang, als folgerichtige Konsequenz einer Person, die eine Überdosis Schlafmittel zu sich nahm.

Jeder dramatischen Szene liegt nach Stanislawski eine Situation zugrunde. Wenn sich der/die Schauspieler(in) gemäß der Situation verhält, so werden seine/ihre Gefühle und Reaktionen dieser Situation angemessen sein. Nichts ist überhöht, aufgesetzt und "aus dem Leib gepresst".

Der/Die Schauspieler(in) lässt sich also durch Als ob und Situationen zum Handeln anregen. Um die Als ob zu erschaffen und um die Situationen zu erkennen und weiterzuspinnen, benötigt der/die Schauspieler(in) Fantasie. Stanislawski machte einen Unterschied zwischen *aktiver* und *passiver Fantasie*. Passive Fantasie bedeutet, dass mit einem gehandelt wird. Das reicht aber nicht aus, denn die darstellende Kunst lebt nicht von fantastischen Träumereien, sondern von dem Sichtbarwerden innerer Bilder, letztendlich dem Verkörpern eines schöpferischen Traums. Aktive Fantasie erzeugt Bilder, die es dem/der Schauspieler(in) ermöglichen selber aktiv zu werden, die ihn/sie zum Handeln motivieren. Die Bilder der Fantasie schaffen bildhafte Situationen. Damit der/die Schauspieler(in) danach handeln kann, muss er/sie diese Bilder situationsgemäß ordnen. Es entsteht eine Reihe, ein *Filmstreifen,* dieser wird wie ein Kinofilm in der *Vorstellung* des Protagonisten abgespult. Die Bilder stellt er sich vor, um sich von ihnen leiten zu lassen.

Neben den optischen Vorstellungen gehören auch akustische Zeichen oder Gerüche und sonstiges dazu. Alles dies muss aber aktiv sein, das heißt die Vorstellung muss den/die Schauspieler(in) zum Handeln motivieren. Statische, flache und schwache Bilder sind untauglich für den/die Darsteller(in).

Der/Die Schauspieler(in) sieht und spürt in sich und gleichzeitig vor sich Bilder, er/sie hört und spürt in sich und um sich Töne, er/sie spürt in sich, sieht vor sich und fühlt um sich die Bewegungen eines anderen Menschen.

Der Filmstreifen läuft durch unser Inneres, aber projiziert sich sozusagen gleichzeitig auf einer imaginären Leinwand vor uns.

Die Bilder sind nach Stanislawski Bilder der Sinne. Er sah es für zu kompliziert an, parallel zur Situation Gefühle abzurufen. Denn Gefühle sind Schwankungen unterworfen und oft auch unter- oder überdosiert. Deshalb sollen Sie aus den optischen Vorstellungen und den Sinnesvorstellungen entstehen. Bei jeder "inneren Durchsicht des Filmstreifens" werden die Empfindungen der Rolle zum Leben erweckt und von der Schauspielerperson durchlebt. So sind die Empfindungen auch konkret, wahrhaftig und der Situation angemessen.

Für Stanislawski war die *Einbildung* ein weiterer wichtiger Faktor: Er zweifelte daran, dass sich eine aktive Vorstellung immer automatisch in Handeln umschlägt. Das ist aber natürlich wichtig in der darstellenden Kunst, sonst macht alles Mühen wenig Sinn. Deshalb ist Einbildung so etwas, wie sich im Hier und Jetzt der Kraft der Vorstellung zu unterstellen.

Stellen Sie sich vor, Sie spielen die Rolle eines Kriegsveteranen, der berichtet was er erlebt hat. Nach Stanislawski geht es hier nicht um eine äußere gekünstelte Gestaltung, indem Sie sich effektvoll heulend und schreiend auf dem Boden wälzen, um das schreckliche Schicksal "darzustellen". Nein, entwickeln Sie Bilder, lassen Sie in Ihrer Vorstellung konkret ablaufen, was die Figur erlebt hat. Die Figur, das sind Sie, es ist Ihre Vorstellung. Die Einbildung sorgt dafür, dass Sie sich jetzt der Macht, die durch diese Vorstellung ausgeht, hingeben. Dann stellen sich entsprechende Empfindungen und Handeln ein. Wenn Sie dann schreien und weinen, dann ist das so. Wenn Sie wie gelähmt da sitzen, dann ist das so. In jedem Fall handeln Sie dann wahrhaftig, wenn Sie aktive Bilder und Zeichen der Sinne in Ihrer Vorstellung auf dem Filmstreifen innen sowie außen abspulen lassen und diesen folgen.

Halten wir zunächst fest: Die Fantasie schöpft die Bilder und Als ob aus der gegebenen Situation und spinnt sie weiter, wir stellen uns die Bilder vor, diese ordnen wir in Reihe und Glied und lassen sie als Filmstreifen innen und außen ablaufen. Gefühle und Emotionen entstehen, Handeln motiviert sich. Die Einbildung ist dabei die Voraussetzung, die Bereitschaft, sich im Jetzt auf die machtvollen Vorstellungen der Figur einzulassen. Ohne die Einbildung ist der Automatismus der oben beschriebenen Vorgänge – nach Stanislawskis Auffassung – nicht sichergestellt.

Bevor in einer Szene aktive Vorstellungen entwickelt werden, die zum Handeln motivieren und Empfindungen erwecken, muss die Situation konkret erschlossen werden. Das geschieht über die sogenannten W-Fragen:

Die W-Fragen werden im Folgenden dargestellt und von mir mit Erläuterungen aus der und für die Praxis ergänzt.

- **Woher?** Woher komme ich? Was habe ich erlebt? Was ist mein Gefühl dabei, mein Körperzustand?

Stellen Sie sich beispielsweise vor, dass sie jemanden zuvor aus einem eiskalten See gerettet haben und dabei selber fast erfroren wären. Nun treten Sie auf die Bühne, in einen warmen imaginären Raum. Ihre Reaktion, ihre Veränderung auf die Wärme kann nur glaubhaft stattfinden, wenn Sie wirklich imaginieren, was vorher war. Fühlen Sie die Kälte, frieren Sie, genießen Sie die Ihren Körperzustand verändernde Wärme. Bekommen Sie eine Decke, klammern Sie sich daran, rubbeln Sie sich warm etc. Und damit nicht genug. Sie haben als Figur jemanden gerettet. Sind Sie stolz und treten heldenhaft auf? Kokettieren Sie mit Ihrer Heldentat? Oder sind Sie einfach froh, selbst noch zu leben, weil Sie selber fast ertrunken und erfroren wären? Oder ein bisschen von allem? Allein Ihr Auftreten spricht Bände, wenn Sie sich nur über diese Fragen bewusst werden.

- **Was, Wie Wozu/Warum?**

Was will ich erreichen? Was ist mein Bedürfnis? Habe ich einen Plan? Wie will ich meine Absichten durchsetzen? Wie stark bestimmt die Absicht mein Handeln? Was sollen Partner und Publikum von meiner Absicht erfahren, was ist geheim?

Beispielsweise, Sie treten als Figur auf die Bühne, um jemanden umzubringen. Dann ist die entscheidende Frage, wie Sie das deutlich machen und ob Sie Ihre Absicht sofort offen verraten? Oder tarnen Sie sich? Wie verhalten Sie sich als Figur dem gegenüber, den Sie umbringen wollen?

Oder Ihre Figur schreitet zum Kühlschrank. Warum tun Sie das? Weil es der/die Regisseur(in) gesagt hat und Sie immer brav tun, was der/die Regisseur(in) sagt, ist die falsche Antwort. Sie tun das, weil Sie als Figur ein Hunger plagt. Wie machen Sie das deutlich? Welche Mittel haben Sie? Vermeiden Sie jedes Mimen- und Gestenspiel eines Hungernden, sondern treten Sie auf, wie jemand der zum Kühlschrank geht, weil er Hunger hat!

- **Wo?**

Wo bin ich, wo trete ich ein? Innenraum, Außenraum? Licht, Akustik, Wärme, Treppen, Stufen, Möbel, Geräte? Atmosphäre? Was kenne ich? Was nehme ich wahr? Reagiere ich darauf? Zeige ich meine Beziehung zum Raum? Wie und wem? Handelt es sich um einen imaginären Raum oder einen Real Raum?

Um einen imaginären Raum zu "bauen", suchen Sie sich drei reale Objekte im Raum und verwandeln diese in ihrer Vorstellung zu Elementen Ihres imaginären Raums. Auch hier – ist es nicht der Vorgang ernsthaft zu glauben, dass der poplige Plastikstuhl wirklich ein erhabener Thron sei. Das wäre dann pathologisch und würde Ihnen womöglich irgendwann einen "All inclusive" Aufenthalt in der Psychiatrie bescheren. Nein, sondern Sie gehen von diesem Plastikstuhl aus und verwandeln diesen, in Ihrer Fantasie, in Ihrer Vorstellung, in einen wunderbaren Thron. Beobachten Sie Kinder, die können das in der Regel ohne Probleme. Mit diesen Objekten im Raum verteilt, haben Sie Ansatzpunkte jeden imaginären Raum zu konstruieren. Das lohnt ganz besonders bei Vorsprechen – neudeutsch Castings genannt – wo Sie meist nichts oder nicht viel auf der Bühne haben.

- **Wer?**

Wer bin ich? Und wer ist da? Kenne ich die anderen Rollenfiguren? Erkenne ich Sie? Habe ich Sie erwartet? Wie sind meine Beziehungen zu ihnen? Was habe ich mit ihnen erlebt? Wie reagiere ich auf sie?

Das Ich bin ist ein wichtiges Element in jeder Szene, bei jeder Handlung. Nach Stanislawski ist niemals ohne das Bewusstsein über das "Wer bin ich" zu handeln. Es geht aber nicht darum, jemanden anderes nachzuahmen, nicht um Imitation. Vielmehr handeln Sie, als ob Sie unter den gegebenen Umständen als der/die Andere handeln würden. Es geht also nach Stanislawski um die natürliche, persönliche Ausgestaltung einer Figur, mit den eigenen Mitteln der Schauspielerperson. Der zweite Punkt ist die Beziehungsebene zu den anderen Figuren. Je mehr Sie sich klar machen, in welcher Beziehung Sie zu den anderen Figuren stehen, desto klarer wird ihr Verhalten diesen gegenüber sein.

- **Wann?**

Zu welcher Tageszeit findet die Szene statt? In welchem Jahrhundert/Jahrzehnt spielt das Stück? Zu welcher Jahreszeit spielt das Stück (Sommer, Herbst, Winter, Frühling)

Müssen Sie in der Sommerzeit einen Hauch von Weihnachtsstimmung aufkeimen lassen? So können Sie in Ihrer Vorbereitung Dinge tun, Rituale vornehmen, die Sie in die Erinnerung und Stimmung von z.B. Weihnachten bringt. Was verbinden Sie emotional mit Weihnachten? Ein Ritual, eine Musik, einen

Glühwein, Plätzchen backen? Tun Sie es ruhig auch mal zuhause (keine Angst vor Unverständnis, Ihre bürgerliche Umwelt hält Sie als SchauspielerIn sowieso für verrückt.). Mir hat es zum Beispiel einmal geholfen, gegen meine Gewohnheit, regelmäßig ins Solarium zu gehen, bewusst rituell südländische Speisen zu konsumieren und italienische Musik zu hören, um in der eiskalten deutschen Winterzeit ein Gefühl von Sommer zu bekommen. Wenn das sinnliche Erleben in Ihre Erinnerung gerufen wurde, halten Sie es fest und wiederholen die Vorgänge in Ihrer Vorstellung. Stellen Sie sich vor, wie es unter dem Solarium war, welche Gefühle hatten Sie? Welche Bilder? Was davon können Sie mit auf die Bühne oder vor die Kamera nehmen, um eine wahrhaftige Sommerstimmung in Ihnen aufkeimen zu lassen? Auch hier sei darauf hingewiesen, dass im Sinne des Stanislawski-Systems ein vages Gefühl von Sommer, ein Anspielen von „sommerlichem Verhalten", der Anforderung einer wahrhaftigen Spielweise nicht zu genüge tut. Das gilt ganz besonders für die Filmarbeit! Die Kamera sieht alles, man kann sie nicht belügen, jedes Spielen einer Stimmung, jedes unorganische Verhalten, wird durch sie "sichtbar" gemacht und entlarvt. Genauso wie die Lupe den schrecklichen Pickel auf der Haut entlarvt.

- **Wohin?**

Wohin will ich danach? Was erwartet mich? Wie wird mein Handeln hier vom Nachher bestimmt?

Auch hier ein Beispiel: Stellen Sie sich vor, Sie befinden sich in einer Szene mit dem Wissen, dass Ihnen in der nachfolgenden Szene eine ernste Unterredung mit der Liebsten/ dem Liebsten droht. Wird Ihr Handeln jetzt in dieser Szene davon beeinflusst? Wenn ja, inwiefern können Sie das "sichtbar" machen?

Diese W-Fragen helfen uns die Determinanten einer Situation festzulegen, innerhalb derer unser sinnliches Spiel stattfindet. Nicht in jeder Situation ist jede W-Frage und Unterfrage von genau gleicher Bedeutung. Wenn aber irgendetwas unstimmig erscheint, dann sollte man dies mit Hilfe der W-Fragen nochmal durchleuchten, sowie der TÜV jedes alte Auto gnadenlos durchleuchtet, um auch ja jeden Mängel ausschließen zu können und seinen/seine Besitzer(in) zur Verzweiflung zu treiben.

Wenn wir die Situation erschließen, aus der Situation handeln und uns dazu der schon erwähnten **Als ob** bedienen, begeben wir uns in ein wahrhaftiges Spiel.

Stanislawski unterschied dabei ein *Einfaches Als ob* von einem *Magischen Als ob*. Um ein Einfaches Als ob handelt es sich, wenn die Wirkung, die von ihm aus geht, nicht in tiefere Schichten vordringt, wenn dieses Als ob eine Handlung begründet, es sich aber darüber hinaus keine weiteren Folgen ergeben. Beispielsweise benutzen Sie ein Marmeladenglas, als ob es ein Fernrohr wäre. Das hat aber keine weitreichenden Folgen, sondern begründet nur das, was Sie mit dem Glas machen, wie Sie es und warum Sie es benutzen. Ein Magisches Als ob ist das berühmte Beispiel von dem Wasser, das Sie trinken, als ob darin Gift wäre. Dieses Als ob nannte Stanislawski magisch, weil es in innere Schichten vordringt, es innere Prozesse auslöst. Es kann impulsgebend für Momente des Spiels und für ganze Szenen wirken. Daneben teilte Stanislawski seine **Als ob** in **Einstöckige Als ob** und **Mehrstöckige Als ob** ein. Ein Einstöckiges Als ob ist beispielsweise das Taschentuch, als kleiner Vogel. Lassen Sie es los, so fliegt der Vogel weg. Aus diesem Als ob folgt kein weiteres Als ob und damit auch keine neuen Handlungen. Ein Mehrstöckiges Als ob hat Folgen, die über diesen Moment hinausgehen, es motiviert zu neuem Verhalten, führt zu anderen Zuständen und neuen Handlungen. Beispielsweise das Öffnen einer Türe, als ob ein

Tobsüchtiger davorsteht: Der Tobsüchtige bewirkt ein Verhalten dazu, eine Schutzhaltung. Sie werden die Türe nicht einfach so öffnen. Dieses Mehrstöckige Als ob geht über das bloße Tür öffnen hinaus, es bringt Themen wie Angst in den Vordergrund und motiviert zu einem Verhalten und Handlungen, welche über den eigentlichen Vorgang des Türe Öffnens hinausgehen.

Auf dem Gebiet der Psychotechnik ist das *emotionale Gedächtnis* von großer Bedeutung und beruht auf wissenschaftlichen Erkenntnissen. 1896 entwickelte der Experimentalpsychologe Theodule Ribot den Begriff *affektives Gedächtnis*. Darunter verstand er einen Teil des Gedächtnisses, in dem Gefühle, verbunden mit zurückliegenden Erlebnissen und Erfahrungen, gespeichert sind. Diese Erlebnisse können unterschiedlich intensiver Natur sein. Durch Auslöser können die Gefühle erneut wachgerufen und durchlebt werden. Ribot entwickelte eine Psychologie, die nicht mit schwammigen Seelenbegriffen arbeitete, sondern psychische Prozesse mit physisch-organischen Prozessen verbunden sah. Es sollte also ein "organischer Speicher" existieren, in dem Gefühlserfahrungen abgelegt sind und die wieder wachgerufen werden können. Das war für Stanislawski hoch interessant und so konstruierte er aus dem hoch komplexen Ribotschen Forschungsstoff sein emotionales Gedächtnis. Der/Die Schauspieler(in) soll sich an ähnliche Umstände erinnern und dadurch echte Gefühle wachrufen, die der Figur in ihrer Situation entsprechen. Die wirksamsten Auslöser der Emotionen sind – nach Stanislawski – die Magischen Als ob. Die Erfahrung muss aktiven Charakter haben, aber auch tiefe Schichten betreffen. Hierzu sind die Magischen Als ob geeignet. Sie betreffen tiefe Schichten, wühlen seelische Erschütterungen auf. Es geht also um das Benutzen emotionaler Erfahrungen.

2.3   Ziele

Die Dreiheit aus Vorstellung, Urteilsvermögen und Wille-Gefühl ist der Motor und treibt das Erleben an. Die Kräfte sind nicht diffus, sondern haben eine bestimmte Richtung, eine *Trieblinie*, wie Stanislawski sie nannte. Es ist wie bei einer Halskette mit Glaskugeln. Die einzelnen Kugeln, die Elemente, werden durch einen Faden zusammen gehalten. Wie die Glaskugeln werden die Teilhandlungen zu einer *durchgehenden Handlung* miteinander verbunden. Man könnte auch sagen: Die Trieblinie ist der rote Faden, die sich gleichsam durch Stück und Rolle zieht.

Es gibt aber nicht nur eine durchgehende Handlung, sondern meist auch eine *Gegenhandlung* im Stück.

„Die Gegenhandlung erzeugt in dauernder Reibung mit der durchgehenden Handlung fortgesetzt neue Handlungen: Zusammenstoss, Kampf, Zank, Streit. Sie entwickelt eine Reihe entsprechender Aufgaben und verlangt ihre jeweilige Lösung. Dadurch erweckt sie ganz allgemein Aktivität und somit Handeln."
(Rellstab 1980: S. 48)

Alle Spielvorgänge haben eine Richtung. Um diese auszuloten, muss ein Ziel definiert werden. Bei Stanislawski ist das die **Überaufgabe**. Die Überaufgabe ist das Herz des Stückes. Der/Die Schauspieler(in) hat sie zu finden und zu formulieren. Sie ist die Justierung, nach der sich Handlungen und Rolle ausrichten.

Als Beispiel führte Stanislawski ein Stück von Moliere an – *Der eingebildete Kranke* – indem er einst selbst die Rolle des Argan spielte. Stanislawski formulierte für die Rolle des Argan zunächst die Überaufgabe mit: „Ich will krank sein!" und später: „Ich will, dass man mich wie einen Kranken betrachtet." (siehe Rellstab 1980: S. 48)

Mit der zweiten Formulierung kam die komische Seite des Stückes zum Vorschein. (siehe Rellstab 1980: S. 49)

Überlegen Sie selbst, was ist der Unterschied der ersten Formulierung zur Zweiten? Ich will krank sein, stellt das Ziel für die Rolle ein, den Zustand des Kranken zu erreichen. Alles Verhalten auf der Bühne, alle Handlungen und Handlungsstränge richten sich nach diesem Ziel aus. Die zweite Formulierung verlangt nicht zwingend nach einem kranken Zustand. Mit dieser Formulierung kommt die komische Seite des Stücks zum Vorschein. Das ist verständlich, denn die Forderung, wie ein Kranker betrachtet zu werden, nicht selber zwingend durch und durch krank zu sein, verlangt nach einer anderen Darstellungsweise. Hier ist der Fokus auf die Geste gelegt, dem Zeigen oder dem Vorführen, dass man krank ist. Dieses Vorführen und die Übertreibung stehen in Inkongruenz zum tatsächlichen Sein der Figur und erzeugen Komik. Es entsteht ein Bruch zwischen Zustand und Sein der Figur einerseits und dem äußeren Schein andererseits. Wenn sich dieser Bruch dem Zuschauer vermittelt, so empfindet er darin womöglich eine Komik. (zu dem Thema Komik, siehe Gehrcke 2012)

Wir wollen an dieser Stelle nur festhalten, dass die Umformulierung der Überaufgabe eine weitreichende Konsequenz auf Darstellung, Verhalten und Handlung hat. In Stanislawskis Beispiel, führte die Umformulierung zur Komik.

Die Überaufgabe zu finden, sie wohl zu formulieren, ist Aufgabe des Schauspielers/der Schauspielerin. Sie liegt im Werk vergraben, wie der Schatz auf einer Insel. Sie zu finden und zu formulieren allein reicht nicht aus. Der/Die Schauspieler(in) muss die Aufgabe auch auf einer tieferen Ebene spüren, sonst ist sie nicht in der Lage zu einem lebendigen Spiel überzuleiten.

Zunächst ist unsere Arbeit auf die kleinen Aufgaben, die Als ob und die gegebenen Situationen ausgerichtet. Zunehmend verknüpft, bilden sie eine durchgehende Handlung, die der individuellen Zielsetzung der Rolle mit Bezug zur allgemeinen Absicht des Dichters folgt.

2.4 Die Elemente des Verkörperns

Erst in seinem zweiten Band stellte Stanislawski die Elemente des Verkörperns dar. Diese sind aber die notwendige Bedingung für die Rollenarbeit. Dabei ist für Stanislawski **der Körper ein Instrument der Seele**. Er ist ein Mittel, um eine Bewegung darzustellen, die aus dem Inneren kommt. Der Körper soll nach Stanislawski mittels Gymnastik, Akrobatik und Tanz geschult werden. Auch Bewegungsstudien, das genaue Betrachten von Bewegungen, gehören zur obligatorischen Körperarbeit.

Schon Stanislawski erkannte die Notwendigkeit von Entspannung, die auch bei Lee Strasberg später eine große Rolle spielte. Er beschrieb die negativen Erscheinungen von Verspannungen auf der Bühne und deren unerwünschten Auswirkungen auf das Spiel. Und tatsächlich ist das ein Problem in jeder schauspielerischen Arbeit. Sobald Anfänger die Bühne betreten, ist jede Entspannung wie weggeblasen. Plötzlich gehen sie merkwürdig, sie sprechen angestrengt und vollführen Bewegungen, die vermuten lassen, dass nicht Menschen, sondern "Aliens" einer sehr entfernten Dimension des Weltalls, die Bühne in Beschlag nehmen.

Stanislawski forderte dazu Entspannung der Muskulatur und eine ständige Kontrolle neu auftretender Verspannungen und dessen Lösung, auch in der Phase höchster Erregung. Jede

Bewegung sollte ökonomisch sein, also ohne überflüssige Anstrengung und Kraft.

Die **physische Handlung** ist konkret und die Antwort auf die Frage: Wie würde ich mich persönlich verhalten, wenn ich mich in der Situation der von mir darzustellenden Person befände?

„Die Phantasie liefert mir die Vorstellungen, und während ich mir einbilde, unter den gegebenen Umständen als die vorgestellte Person zu antworten, stellen sich die Handlungen ein. Der gelöste Körper reagiert auf die Vorstellungen durch Handlungen." (Rellstab 1980: S. 57)

Die Handlungen müssen wahrhaftig und gerechtfertigt sein. Keine "hohlen Gesten", die unangemessen, inhaltsleer und reine Effekthascherei sind. Im Stanislawski-System sollten Handlungen ihre glaubhafte Wirkung auf das Publikum übertragen. Deshalb ist Wahrhaftigkeit von großer Bedeutung. Der Körper muss gelöst sein, das heißt er sollte sich nicht durch Blockaden oder Verspannungen der Handlung entgegenstellen oder sie "verzerren".

Ein wichtiger anderer Punkt ist **die Stimme und das Sprechen**. Stanislawski hat seine Arbeiten über den Sprechvorgang des Schauspielers nicht beendet. Dennoch lag ihm Stimmbildung und Sprechgestaltung besonders am Herzen, da er ursprünglich Opernsänger werden wollte. Deshalb ist es nicht weiter verwunderlich, dass Stanislawski die Anlehnung des Stimmunterrichts für SchauspielerInnnen an die Sängerausbildung forderte. Er zielte auf die Schulung der Stimme und des Stimmumfangs ab, sodass die Stimme in allen Lagen und Registern genügend Kraft entwickelt. Auch Stanislawski sah allerdings schon die Unterschiede, die in der Sprecherziehung von SängerInnen und SchauspielerInnen bestehen. In den heutigen Sprechschulen geht man mehr auf die besonderen

Anforderungen an SchauspielerInnen ein, die ihre Arbeit auch nicht selten im Mikrofon- und Sychronsprechen finden. Aber auch ein gemeinsamer Weg von Gesangsschule und Sprechschule ist nützlich, wenn dabei auch auf die Unterschiede Rücksicht genommen wird. Guter Gesangsunterricht wird für die Schauspielausbildung immer wichtiger, da auch in "gewöhnlichen" Sprechtheaterproduktionen immer mehr gesungen und getanzt wird. Das gilt – nicht nur – aber vor allem für das freie und kommerzielle Theater. In Letzterem kann vor allem Geld verdient werden, ein Aspekt, den man leider auch nicht ganz aus den Augen verlieren darf. Private, freie und kommerzielle Theaterproduktionen arbeiten oft gerne mit musikalischen und gesanglichen, sowie tanz- und bewegungstechnischen Elementen und Einlagen. In diesem Bereich konkurrieren SchauspielerInnen und BewerberInnen aus anderen darstellenden Kunstbereichen miteinander.

Für die Textarbeit forderte Stanislawski das logische und folgerichtige Sprechen. Dazu muss der/die Schauspieler(in) seinen/ihren Text in Sinnschritte aufteilen. Die Abgrenzungen zwischen den Sinnschritten nannte Stanislawski *logische Pausen.*

Die Setzung logischer Pausen ist mitunter lebenswichtig. Dazu möchte ich Ihnen ein Beispiel geben:

Stellen Sie sich vor, ein General sagt zu seinen Soldaten: **Töten nicht belohnen**!

Schauen wir uns die erste Möglichkeit an, eine logische Pause zu setzen:

Töten/ nicht belohnen.

In diesem Fall hat der oder die Betroffene ein massives Problem. Die zweite Setzung der logischen Pause führt zu:

Töten nicht/ belohnen.

Diese Setzung wird beim Betroffenen zu Erleichterung oder gar großer Freude führen.

Sie sehen also, solche logischen Pausen sind von elementarer Bedeutung, sowohl für das schnöde Leben, als auch für die Bühne.

Die logische Pause ist elementar wichtig und formal, nur mit ihr macht das Gesagte Sinn. Das Verschieben der Pause kann, wie oben gesehen, zu deutlich anderen Bedeutungen führen.

Ebenso führte Stanislawski den Begriff der *psychologischen Pause* ein. Während die logische Pause zwar wichtig, aber rein technisch, formal und passiv ist, so ist die psychologische Pause aktiv. Das ist das, was zwischen dem Gesprochenen geschieht. Die Gedanken werden durch nonverbale Handlungen, Gesten und Mimik, die Körperhaltung, aber auch die Atmung (Seufzer, ein-ausatmen, Atem-Tempo-Rhythmus) sichtbar gemacht. Das Gesprochene wird verarbeitet oder reflektiert, der anschließende Sprechpart wird vorbereitet und ist die Folge gedanklicher und seelischer Vorgänge. Das Wort Pause mag uns irreführend erscheinen, verstehen wir unter Pause doch Erholung. Stellen wir uns doch unter Pause womöglich den Arbeiter vor, der kurz vor dem Zusammenbruch stehend, endlich seine langerträumte Currywurst schmatzend und wonnevoll verschlingt. Aber genau das meint Pause hier eindeutig und klar nicht! Pause bedeutet tatsächlich nur, dass das Sprechen unterbrochen wird. Nichts ist wahrscheinlich so aktiv, wie die psychologische Pause.

Auf der großen Bühne müssen nonverbale Handlungen groß und sichtbar (aber nicht aufgesetzt!) gespielt werden. Vor der Kamera haben Sie die Möglichkeit auch mit minimalistischster Gestik und Mimik zu arbeiten. Beispielsweise in einem sogenannten Close-Up genügen minimalistischste mimische

Veränderungen, um etwas auszudrücken. Beobachten Sie bekannte FilmschauspielerInnen genau, manche beherrschen das Minimalismus-Prinzip in absoluter Meisterschaft. Als nur zwei treffende Beispiele möchte ich Axel Milberg und Maggie Smith anführen. Schauen Sie Filme mit ihnen an und beobachten Sie ihre gestische und mimische Gestaltung. Dann werden Sie das Minimalismus-Prinzip verstehen.

Der reine Text ist Information, Inhalt, den es zu gestalten gilt, aber im Gegensatz zu einem Nachrichtensprecher, hat der/die Schauspieler(in) den Text zu unterlegen. Er/Sie hat einen **Untertext** zu kreieren. Dieser Untertext oder Subtext steht zwischen den Zeilen, liegt unter dem Text. Das Sprechen ist nach Stanislawski immer die Folge eines seelischen Vorgangs. Dazu sprechen wir in der Übung und Vorbereitung unseren eigenen Text, als Textimprovisation, mit den Gedanken und Empfindungen der Rollenfigur. Erst später legen wir den gegebenen Text darüber. Man sollte keinen Text lernen, ohne eine gute Ahnung von inhaltlich formeller Gliederung des Textes, Situation, Gedanken und Empfindung der Rolle zu haben. Ansonsten besteht die Gefahr, dass der Text hölzern wirkt. Auch kann es so zu verschiedenen unguten Texthängern kommen, denn der Text löst sich so von der Situation, den Gedanken und Empfindungen ab, die ihn eigentlich aufleben lassen sollen. Oder schlimmer, der Text hat sich nie zuvor je damit verbunden.

Wenn man aus der Situation spielt, kann es aus meiner Sicht nie passieren, dass man komplett "hängt". Dafür müsste man schon fast eine pathogene Blockade haben. Denn aus der Situation ergibt sich immer wieder der rote Faden, der Sinn, was man sagen soll. Also haben Sie keine Angst vor Texthängern, schicken Sie Ihre Souffleuse zum Shoppen, denn die gibt es beispielsweise in kleinen Theatern sowieso nicht, vertrauen Sie stattdessen auf die Situation. Wenn Sie einen Satz vergessen oder verdrehen, so werden Sie nur von der

Abendregie getötet (das macht gar nichts und zählt zum Berufsrisiko), denn das Publikum merkt gar nichts, solange Sie aus und mit der Situation spielen. Und wenn Sie "schmeißen", muss der Kollege/die Kollegin einspringen und umgekehrt, daran erkennt man den professionellen Schauspieler und die professionelle Schauspielerin.

Es gibt aber hierzu Ausnahmen, die ich nicht verschweigen will, nämlich dann, wenn ein Stück oder Text, nicht immer in logischer Abfolge erfolgt. Ein Dialog z.b. folgt dem Prinzip actio und reactio. Wenn aber z.b. zwei Dialoge, gleichzeitig parallel, im Wechsel, auf zwei Ebenen ablaufen, so muss man sich unbedingt die Stichworte einprägen. Manchmal geht das Ensemble solche schwierigen Passagen textlich sogar vor jeder Aufführung immer wieder durch. Denn wenn hier einer hängt, kommt die ganze Sache ins Stocken (vor allem ohne! Souffleuse). Ein Albtraum für alle SchauspielerInnen – ohne Frage.

In heutigen modernen, absurden, vor allem aber in postdramatischen Produktionen, fehlt der klare logische Aufbau, die Handlungsstränge, die klare Situation, der klassische Dialog, sodass die Souffleuse ihre Renaissance erlebt. Insofern muss ich oben Gesagtes einschränken. Wenn Sie aber in einer klassischen Inszenierung spielen, so bleibe ich dabei: Die Situation, der rote Faden, der Untertext, das hält und führt Sie immer wieder am bzw. zum Text.

Kommen wir aber von dem Ausflug in die Praxis zur **Worthandlung**. Diese ist das Sprechen als aktive Handlung, die imstande ist, die eigenen Gedanken, Empfindungen und Vorstellungsbilder des Sprechenden weiterzugeben. Sprache ist also auch eine Form der Handlung, die mit dem Körper und dem Gestus verbunden ist. Wir können auch sagen, dass Sprache durchdringen soll, sie soll beleben und erfordert eine Antwort, eine Folgehandlung, oder zumindest irgendeine

Regung des Empfängers. In dem Zusammenhang nannte Stanislawski auch das **Zuhören**. Zuhören ist nötig, damit der Untertext der Sprechenden aufgenommen wird und man darauf auch reagieren kann. Man sollte nie nur so tun, als höre man zu, sondern wirklich zuhören. Das ist aber insofern schwer, da wir als SchauspielerInnen wissen, was kommt, wir wissen auch wann das Licht angeht und das Burgfräulein vor Entrüstung in Ohnmacht fällt. Alles das wissen wir, dennoch sollte man als Figur versuchen, all das zu vergessen und immer wieder von neuem zu erleben. Die Situation, das innere Erleben, der Text, alles entsteht immer wieder neu. Dann fällt das Zuhören auch leichter. Der/Die kontrollierende Schauspieler(in) aber muss, im Paradox dazu, vorausschauend und wissend sein. Loslassen und Kontrolle sind scheinbare Widersprüche, die eine ständige lebenslange Herausforderung für den/die Schauspieler(in) darstellen.

Das Loslassen, welches man nicht mit sich gehen lassen verwechseln darf, funktioniert umso besser, je mehr man sich in einem Ensemble aufeinander verlassen kann. Diese Erfahrung, die man machen kann, führt uns nun zu den **Wechselbeziehungen**, denen auch Stanislawski große Bedeutung beigemessen hat.

Jede Aussage, jedes Handeln eines Protagonisten hat in der Regel einen Beziehungsaspekt. Wie im realen Leben, bezieht sich ein Tun, eine Sprachhandlung auf jemand anderes. Wenn die feurige Italienerin ihrem Amoroso eine Vase an den Kopf wirft, so ist dies die Folge des Gefühls der Wut. Das Gefühl steht nicht am Anfang, wie wir wissen, sondern wurde durch einen inneren Vorgang, einen Impuls, einen Gedanken ausgelöst. Dieser Vorgang wurde aber wiederrum durch ein Verhalten, ein Tun des Partners ausgelöst. Vielleicht hat der Möchtegern-Casanova die feurige Urgewalt einer Italienerin mit einer kühlen Blondine betrogen. Also haben der Vorgang und die Wut einen Auslöser im Gegenüber. Das Schmeißen der Vase aus der Wut heraus, hat aber auch einen Beziehungsaspekt. Der Amoroso soll die Wut förmlich zu spüren bekommen. Wir können unzählige Beispiele für Wechselbeziehungen finden, aber immer hat alles Tun einen Beziehungsaspekt. Selbst ein innerer Monolog hat einen Beziehungsaspekt. Alle Monologe Hamlets beispielsweise beziehen sich auch auf äußere Gegebenheiten, Geschehnisse und andere Protagonisten.

In der Regel besteht ein dramatisches Werk aus Dialogen mit zwei oder mehreren Partnern. Die SchauspielerInnen stehen dabei in einer **doppelten Wechselbeziehung**. Nämlich der Beziehung untereinander als Figuren und der Beziehung zum Publikum. Nach Stanislawski steht der Protagonist nur über die Handlungen mit dem/der Partner(in) in indirekter Beziehung zum Publikum, er tritt nie direkt mit den ZuschauerInnen in Kontakt. Das gilt aber nicht für die Stücke, in denen das Publikum mit einbezogen wird.

Das war vor allem zu Stanislawskis Zeiten der Fall. Heute wird in vielen Inszenierungen sehr selbstverständlich und oft über die Rampe hinweg gearbeitet. Der/Die Schauspieler(in) steht in indirekter, aber auch in direkter Beziehung zum Publikum.

Stanislawski forderte *ununterbrochene Wechselbeziehungen* der Dialogpartner, ein *Sich Festbeißen.* Der/Die Schauspieler(in) soll nicht abschalten, wenn die Partnerfigur eine längere Rede hat, sondern er/sie soll mit allen Sinnen dran bleiben. Ein Dialog ist ein ständiger Austausch von Bedürfnissen und Gefühlen. Der Dialog kann dem Publikum nur vermittelt werden, wenn sich die Protagonisten miteinander verzahnen, eben Sich-Festbeißen.

2.5 Perspektiven und das Charakteristische

Stanislawski unterschied die *Perspektive der Rolle* von der *Perspektive des Schauspielers*, welche beide nebeneinander herlaufen sollen. Beide Perspektiven setzen ein gründliches Studium von Stück, Rolle, und Inszenierung voraus.

Nehmen wir ein Beispiel: Stellen Sie sich vor, Sie befinden sich in einer Szene, in der Sie mit Ihrem Liebsten oder Ihrer Liebsten die gemeinsame Hochzeit planen. Sie sind sich uneinig über die Gästeliste und geraten in Streit. Als Rolle müssen Sie sich über alles im Klaren sein, was Sie letztendlich zum Streit führt, ohne zu wissen, dass Sie streiten werden. Nun kommt die Perspektive des Schauspielers ins Feld, mit dieser müssen Sie sehr wohl wissen, was passiert, wann und wie. Die Perspektive des Schauspielers muss Sie punktgenau, Hand in Hand mit der Perspektive der Rolle, zum Streit führen. Anders als im normalen Alltag, indem solche Konflikte plötzlich entstehen können, ist durch Stück und Inszenierung alles festgelegt. In der Perspektive der Rolle erleben Sie die Situation im Hier und Jetzt, mit dem Wissen über die Vergangenheit, und der Gegenwart. In der Schauspielerperspektive wissen Sie genau was passiert, wie und wann. Sie müssen ihre Emotionen dosieren und ihre Handlungen so ausführen, wie es in den Proben festgelegt wurde. Alles das müssen Sie kontrollieren. Die Perspektive des Schauspielers kennt das Schicksal und das Ende der Rolle. Sie sorgt dafür, dass der dramaturgische Rahmen von Stück und Rolle, sowie die Theaterverabredungen eingehalten werden. Die Rollenperspektive und die Schauspielerperspektive gehen Hand in Hand, sodass eine Homogenität der Rolle, eine Identifikation von SchauspielerIn mit der Rolle gegeben ist. Nur sorgt die Schauspielerperspektive dafür, dass Sie sich nicht in der Rolle verlieren, den Rahmen "sprengen" oder gar vor lauter

Enthusiasmus von der Bühne fallen (so was soll schon vorgekommen sein).

Stanislawski beschäftigte sich vor allem mit dem Erleben der Schauspielerperson, wie wir schon festgestellt haben. Dennoch war ihm von Anfang an bewusst, dass sich die inneren Vorgänge nur über das Äußere, die physischen Handlungen und Sprachhandlungen mitteilen. Er vertraute zunächst aber weitestgehend darauf, dass sich die charakteristische äußere Form der Rolle automatisch durch die treffenden inneren Vorgänge einstellt. Wie wir schon gesehen haben, ist Stanislawskis Lehre, sein "System", nicht durch "göttliche" Eingebung an einem Tag entstanden, es sind nicht die unverrückbaren 10 Gebote eines Moses. Deshalb sah er später immer mehr, dass auch äußere Einstellungen zu Veränderungen in der Psyche führen können. Änderungen in der Körperhaltung, bestimmte physische Handlungen, Veränderung der Stimmlage, der Aussprache etc. können auch zu Änderung der inneren Einstellung führen.

Wir wissen heute, dass dieses Vorgehen von außen nach innen durchaus effektiv ist. Beispielsweise, Sie gehen durch eine Fußgängerzone, bewusst, in einer für Sie veränderten Haltung, beispielsweise aufrecht und erhaben. Eine schöne Schauspielübung. Was passiert mit Ihnen? Wie fühlen Sie sich? Nehmen Sie bewusst wahr, was Sie von anderen Passanten für Blicke bekommen. Werden Sie wahrgenommen? Das Äußere verändert das Innere, gleichzeitig strahlen Sie die Veränderung aus. Andere reagieren entsprechend auf Sie.

In dem Moment sind Sie jemand anderes, ihre inneren Gefühle verändern sich. Dadurch werden aber wiederum innere Bedürfnisse wach, die nach außen wirken. Letztendlich können Sie nunmehr inneres und äußeres gar nicht mehr trennen, beides bedingt sich, beides läuft synchron.

Ein anderes Beispiel: Nehmen Sie einen Eimer befüllen Sie ihn, sodass er schwer wird. Tragen Sie diesen Eimer. Was passiert mit Ihnen? Welche Gefühle kommen auf? Haben Sie das Bedürfnis den Eimer abstellen zu können? Schön, Sie freuen sich schon über diese Entlastung? Wunderbar! Nun wird es Zeit für den nächsten Schritt! Stellen Sie sich nun vor, dass Sie den Eimer nicht abstellen dürfen, eine Pause ist Ihnen verwehrt. Stellen Sie sich vor, Sie sind Billiglöhner, ein Aufstocker mit Werkvertrag und Sie werden sanktioniert, wenn Sie aufhören. Nun nehmen Sie einen weiteren Eimer, der genauso schwer ist. Stellen Sie sich vor, Sie werden nun noch aufgefordert schneller zu arbeiten und sehen ihren dicken gemütlichen Chef. Sie hören ihn sagen, dass Sie ein "faules Schwein" sind und ihr Werkvertrag bald gekündigt wird, wenn Sie nicht schneller arbeiten. Was tun Sie, was fühlen Sie, was möchten Sie am liebsten machen? Sie sehen an diesem Beispiel, durch äußere Rahmenbedingungen, die wir auch fiktiv schaffen können, und durch unsere physische Handlung, mit der entsprechenden Körperhaltung, verändert sich unser Inneres und dadurch wieder gestaltet sich weiteres physisches Leben und Handlung. Möglicherweise haben Sie das Bedürfnis die Eimer hinzuknallen und auszurasten. Möglicherweise trauen Sie sich nicht, aber man sieht Ihnen die Wut an, Sie könnten platzen, man wird es sehen. Äußeres bedingt Inneres und umgekehrt.

Schlussendlich war es für Stanislawski wichtig, dass es auch zur *inneren Verwandlung* kommt. Er wandte sich gegen schablonenhaftes Aufsetzen. Die Tendenz von SchauspielerInnen ihr persönliches Charisma einfach den Figuren überzustülpen, war Stanislawski genauso zu Wider, wie die Neigung einfach zu kopieren.

Deshalb will ich nochmal darauf hinweisen, dass jede Arbeit von außen nach innen, letztendlich – im Stanislawski-System – zu der Änderung der inneren Einstellung, zur inneren

Verwandlung führen muss! Aufgesetztes und Fassade ist auf gar keinen Fall im Sinne der Arbeit nach Stanislawski.

Stanislawski wandte sich gegen SchauspielerInnen, die das Charakteristische einer Figur wie eine Schablone übernehmen, indem Sie die allgemein typischen Haltungen einnehmen. Beispielsweise die Rolle des Soldaten, die durch eine straffe Haltung ausgedrückt wird. Möglicherweise differenziert der Schauspieler noch den Status, den Dienstgrad, sodass erkennbar wird, ob es sich um einen Rekruten oder Feldwebel etc. handelt. Dann ist aber schon Schluss, die Rolle sitzt. Stanislawski forderte dagegen den Charakterdarsteller, der die individuelle Persönlichkeit einer Figur herauskristallisiert und darstellt. Nach Stanislawski gibt es nicht nur den Soldaten, den Bäcker, den Ehemann etc., sondern genau eine individuelle Person, die Bäcker ist, die sich von allen anderen Bäckern charakteristisch unterscheidet. Das heißt, in der Arbeit nach Stanislawski haben wir es mit individuellen Figuren zu tun.

2.6   Konzentration, Aufmerksamkeit und Beobachtung

Der Begriff Konzentration stammt vom lateinischen Begriff concentra (zusammen zum Mittelpunkt) ab. Allgemein können wir definieren: *Konzentration ist die bewusste Fokussierung der Aufmerksamkeit auf eine bestimmte Tätigkeit, eine Aufgabe oder auf ein bestimmtes Ziel.*

Stanislawski verstand unter Konzentrationsfähigkeit aber noch viel mehr. Er sah die Konzentrationsfähigkeit und Aufmerksamkeit auf der Bühne weniger als Fokussierung oder gar Fixierung auf eine bestimmte Handlung oder einen Gegenstand. Sondern er sah die Konzentration eher als Voraussetzung für einen dynamischen Prozess. Gedanken verbinden uns mit einem Gegenstand, dieser aber inspiriert uns, bringt uns weiter. Mit unserer Fantasie und Vorstellung stehen wir in Beziehung zu uns als Rolle, zur Außenwelt und unseren Spielpartnern. Es geht also nicht nur um die Fokussierung der Aufmerksamkeit auf eine Aufgabe, auf ein Ziel oder auf eine Handlung, sondern um die Beziehung dazu, das was dazwischen liegt, was uns zu etwas oder zu jemanden bringt und um das, was daraus folgt. Stanislawski sah die Aufmerksamkeit als *Aufmerksamkeit der Sinne.*

Stanislawski prägte den Begriff der *öffentlichen Einsamkeit* – für die Situation, dass der/die Schauspieler(in) sich einerseits einer großen Öffentlichkeit gegenüber sieht. Andererseits aber auch gleichzeitig einsam und verletzlich auf der Bühne ist. Die Aufmerksamkeit der Schauspielerperson schweift also zwischen einsamen, intimen Momenten, dialogischen Situationen und der großen Öffentlichkeit.

Stanislawski entwickelte eine aus meiner Sicht sehr wichtige Technik, die der *Aufmerksamkeitskreise:*

Es sind drei Kreise der Aufmerksamkeit, die wie folgt beschrieben werden sollen:

Stellen Sie sich vor, Sie stehen in der Mitte und um Sie herum sind drei imaginäre Kreise, unterschiedlicher Radien.

Der *erste Kreis* entspricht dem Lichtschein einer Lampe auf dem Tisch. Der Fokus, das Auge schweift umher, aber überschreitet nicht die Grenze des Lichtscheins. Sie können sich auch vorstellen, dass der Radius des Kreises nicht größer ist, als ungefähr Ihre ausgesteckte Armlänge. In diesem Kreis sind Sie intim, bauen eine Beziehung zu sich selbst auf. Sie nehmen die anderen nicht bewusst in Ihren Fokus.

Der *zweite Kreis* entspricht dem Lichtschein einer Deckenlampe oder dem Umfang eines Zimmerteppichs. Hier gilt es die Beziehung zu den anderen SpielpartnerInnen aufzubauen.

Der *dritte Kreis* erstreckt sich auf alles Umliegende, was man mit den Sinnen erfassen kann, bis zu den Raumgrenzen. Oder bei freiem Außenraum, weit hinaus über Feld und Flur. Hier sind wir in der großen Öffentlichkeit oder in einem großen erweiterten imaginären Raum.

Nehmen wir ein Beispiel: Stellen Sie sich eine Szene auf dem Deck eines imaginären Schiffes vor. Dort nehmen Sie ein Sonnenbad in einem Liegestuhl. Sie cremen sich ein, Sie sind intim mit sich und befinden sich mit Ihrem Fokus im ersten, im kleinsten Kreis. Das heißt aber nicht, dass Sie privat werden, Ihre Spannung und den Kontakt zum Publikum verlieren. Das sollte niemals passieren. Man ist also im ersten Kreis nicht isoliert, aber der Fokus der Aufmerksamkeit verdichtet sich sozusagen im kleinen Kreis. Nun nehmen Sie die SpielpartnerInnen wahr, die sich einige Meter neben Ihnen befinden, Sie beobachten sie, nehmen Kontakt zu ihnen auf. Nun befinden Sie sich mit dem Fokus im zweiten Kreis. Immer schweift Ihre Aufmerksamkeit zwischen dem ersten Kreis, der Intimität, und dem zweiten Kreis, der Beziehung zu Ihren SpielpartnerInnen. Jetzt schauen Sie über die Rampe, in einen erweiterten imaginären Raum, sehen das weite Meer und lassen Ihre Blicke schweifen. Sie befinden sich im dritten, größten Kreis.

Die Kreise sind keineswegs als statisch anzusehen, sondern stets durchlässig. Stets schweift der Fokus vom kleinen in den mittleren oder dritten Kreis und zurück. Die Kreise sind konzentrische Kreise, die Ihnen helfen ihre Aufmerksamkeit differenziert eng und weit räumlich zu konzentrieren, dabei aber durchlässig und dynamisch zu bleiben. Nochmals: Sie existieren als Figur aber immer im ganzen Raum. Falsch verstanden wäre es, die Kreise als Legitimation zu missbrauchen, einfach mal "kurz unterzutauchen" und an Bühnenpräsenz einzubüßen.

Sie können die Bühnenpräsenz auch als feinstoffliches, imaginäres Netz, wie das einer Spinne ansehen. Die Spinne ist immer bis zu den Grenzen ihres Netzes mit der Außenwelt verbunden. Sobald sich ein Insekt im Netz verfängt, merkt die Spinne das und ist mit ihrer ganzen Aufmerksamkeit präsent. Die Spinne konzentriert ihre Aufmerksamkeit immer auf bestimmte Bereiche des Netzes, aber ist immer stets in Kontakt mit dem ganzen Bereich des "Netzraumes".

Fantasie setzt immer die Kenntnis der Situation voraus, aber auch die Kenntnis der möglichen wahrscheinlichen Reaktionen in einer bestimmten Situation. Fantasie findet also nicht im "luftleeren Raum" statt. Um Kenntnis und realistisches Einschätzungsvermögen zu erlangen, muss man seine Umwelt beobachten. Beobachtung ist ein sehr wichtiges Element im Schauspiel, auch für Stanislawski. Er forderte aber aktive Beobachtung. Der/Die beobachtende Schauspieler(in) soll stets fragen, für was und warum beispielsweise Gegenstände in einem Raum stehen und warum sie so da stehen und nicht anders. Wie handelt ein Mensch in einer Situation? Warum handelt er so und nicht anders. Welche Gedanken hatte er dabei?

Eine beliebte Übung in der Ausbildung ist dabei, Schüler nach draußen zu schicken. Sie sollen Menschen beobachten, am Bahnhof, auf der Straße, im Park. Sie sollen aufschreiben, was Sie beobachten. Wie bewegt sich jemand, schnell, langsam, geht er besonders? Was tut er oder sie und wie? Später werden diese Beobachtungen in einer Improvisation aufgegriffen. Es geht hierbei nie nur um bloße Imitation, sondern immer auch um die Frage, warum tut jemand etwas in einer Situation, wie und warum würde diese Person in einer bestimmten fiktiven Situation reagieren?

Ein wichtiger Punkt ist bei Stanislawski die Selbstbeobachtung. Er forderte, dass SchauspielerInnen vor jedem Schlafengehen ihren erlebten Tag zurückverfolgen. Sie sollten erinnern, was sie getan, was sie gegessen haben, wie das Geschirr auf dem Tisch stand und warum. Welche Begegnungen sie hatten, welche Gedanken und Gefühle dabei entstanden etc. Also detailgetreue Wiedergabe des Erlebten.

Aufmerksamkeit und Beobachtung laufen auch auf der Bühne nebeneinander her. Wir nehmen Situationen, Reaktionen von Kollegen etc. wahr, ordnen sie ein und reagieren darauf. Unsere Bewertung und die Fantasie bringen uns dabei in Beziehung zu einer Situation, einem Gegenstand oder einem Spielpartner/einer Spielpartnerin. Die aktive Beobachtung bzw. Wahrnehmung findet im Hier und Jetzt statt. Sinnliche Aufmerksamkeit, Konzentration und Wahrnehmung machen ein lebendiges Spiel auf der Bühne aus.

2.7   Tempo und Rhythmus im Spiel

Jeder kennt die Begriffe Tempo und Rhythmus. Sie sind elementare Termini in der Musik. Stanislawski hat den Begrifflichkeiten auch in der Schauspielarbeit große Bedeutung zugemessen.

Das *Tempo* ist die Schnelligkeit einer auszuführenden Handlung oder eines Sprechvorgangs. Seine Wechsel, seine Beschleunigung, seine Verlangsamung sind auch heute noch wichtige Mittel im darstellenden Spiel. Anders als in der Musik, ist das Tempo in der Schauspielarbeit schwerer objektivierbar. Obwohl Stanislawski zur Orientierung mit Metronomen arbeitete, wollte er aber nie mechanisch sprechende und spielende Schauspieler heranziehen. Tempo sollte lebendig und variabel sein. Lebendig wird es dadurch, dass die Variation des Tempos auch Variationen von Stimmungen und Empfindungen beeinflusst, und umgekehrt diese sich darin auch ausdrücken.

Der **Rhythmus** ist die Akzentuierung der Schläge eines Metronoms bei konstanter Geschwindigkeit. Die Betonung, beispielsweise jedes dritten Schlags eines Metronoms, führt zu einem Walzer. Stanislawski benutzte in seiner Arbeit ein Metronom und ein Glöckchen, um die Schläge zu akzentuieren. Gleichwohl verwies er darauf, dass man Rhythmus selber spüren muss und mit ihm spielen soll. Rein wissenschaftliche Erfassung des Rhythmus bringt den/die Schauspieler(in) – nach Stanislawski – nicht weiter. Rhythmus und Rhythmuswechsel führt uns in verschiedene Stimmungen, vor allem in Kombination mit dem Tempo. Stanislawski verwandte den Begriff des **Tempo-Rhythmus.**

Stanislawski machte einen Unterschied zwischen **innerem Tempo-Rhythmus** und **äußerem Tempo-Rhythmus:** Der innere Tempo-Rhythmus erleichtert die Entwicklung des Gefühls und des Erlebens. Der äußere Tempo-Rhythmus wird durch die Bewegung, das Sprechen und das Handeln sichtbar. Der innere Tempo-Rhythmus wirkt auf den Äußeren und umgekehrt.

Der innere Tempo-Rhythmus kann dem Äußeren entsprechen oder gegensätzlich sein. Beispielsweise, Sie sind innerlich aufgeregt und drücken dies durch schnelle hektische Bewegungen aus. Dann ist Ihr innerer Tempo-Rhythmus gleich dem Äußeren. Sind Sie äußerlich schnell in Ihrer Bewegung, aber innerlich ruhig, so differiert der Tempo-Rhythmus zwischen innen und außen.

Der Tempo-Rhythmus kann auch zur Charakterisierung Ihrer Figur dienen. Stanislawski machte einen Unterschied zwischen dem **individuellen** und dem **kollektiven Tempo-Rhythmus:** Der kollektive Tempo-Rhythmus ist die Summe aller Tempo-Rhythmen. Die individuellen Tempi und Rhythmen müssen nicht für alle Protagonisten gleich sein. Die unterschiedlichen Tempo-Rhythmen können auch mit dazu beitragen, zwischen den Figuren Spannungen einerseits oder Kontrastkomik andererseits aufzubauen.

Es kann aber durchaus sein, dass es notwendig wird, den individuellen Tempo-Rhythmus einer Figur dem Kollektiven anzupassen.

Um den Zusammenhang zwischen dem individuellen Tempo einer Figur, der Figurenkonfiguration und dem kollektiven Tempo anschaulich zu machen, werde ich im Folgenden ein – wie ich finde – treffendes Beispiel aus meiner eigenen Schauspielpraxis anführen:

Ich hatte, in einer Inszenierung von Shakespeares "Viel Lärm um Nichts", die Rolle des Pater Franziskus zu spielen, als eine von drei Rollen, die ich insgesamt in diesem Stück zu spielen hatte. Damit sich diese Rolle von den anderen zwei Figuren möglichst unterschied, gab ich mir bei der Vorbereitung besonders viel Mühe. Zur ersten verabredeten "Franziskus-Probe" wartete ich also euphorisch mit einem Pater auf, der langsam, ja fast etwas schläfrig sein sollte. Mit vollster Überzeugung habe ich diesen Pater in der Probe angeboten und erwartete die feierlichste Lobpreisung, meines so vermeintlich "genialen" Vorschlages. Stattdessen hörte ich "von unten", der Regie, fast schockierte Einwände erschallen. Die Figur wäre viel zu langsam, ich solle mich doch schneller bewegen, die Figur bräuchte wesentlich mehr Tempo. In kurzer Zeit brach mein ach so fantastisch ausgedachtes Konzept zusammen. Die Begründung für diese Regieentscheidung – die sich übrigens als goldrichtig herausstellen sollte – liegt mit oben Gesagtem auf der Hand: Der kollektive Tempo-Rhythmus, dieser flott und sehr gut inszenierten Komödie, war durch meinen eher langsamen und damit in diesem(!) Fall bremsenden Figur-Tempo-Rhythmus "bedroht". Zunächst etwas aufgeschmissen, entstand aber relativ schnell eine neue Figurenkonzeption. Ausgehend also von einem schnelleren äußeren Tempo-Rhythmus, kamen ganz plötzlich neue Ideen zum Charakter dieses Paters auf, sodass daraus nicht nur eine Figur mit äußerem und innerem hohen Tempo entstand, sondern auch ein völlig anderer Charakter, mit rhythmischen Brüchen und einer unglaublichen, fast grotesken Komik. Und das war auch gut so. Alles entstanden aus der Notwendigkeit einer gewissen Angleichung meines individuellen Figur Tempo-Rhythmus mit dem kollektiven Tempo-Rhythmus.

Für mich ist dieses Beispiel ein gutes Lehrbeispiel, welches zwei Dinge aufzeigt:

1.) Es kann notwendig werden, individuelle Tempi dem kollektiven Tempo anzugleichen bzw. anzunähern.

2.) Ausgehend von der Veränderung des äußeren Tempo-Rhythmus einer Figur, kann eine völlig neue Figuren bzw. Charakterkonzeption entstehen.

2.8 Die Arbeit an der Rolle

Das Begegnen von SchauspielerIn und Rolle verglich Stanislawski mit der ersten Begegnung zweier potentieller Ehepartner. Der erste Eindruck ist sehr wichtig und wird SchauspielerIn und Rolle begleiten. Selbst wenn während der Rollenarbeit völlig andere Eindrücke entstehen, der erste Eindruck bleibt haften, weil er ursprünglich ist. Stanislawski machte keine Vorschriften, welchen Rahmen jede(r) Schauspieler(in) für sich schaffen sollte, um seiner Rolle das erste Mal zu begegnen. Aber die "Seele" sollte aufnahmebereit sein und die Lektüre sollte nicht durch fremde äußere Einflüsse gestört werden. In der Tat ein wichtiger Punkt, die erste Begegnung, das erste Herantasten an Stück und Rolle. Auch wenn Stanislawski hier keine allgemein verbindlichen Vorgaben macht:

Aus meiner persönlichen Sicht, sollte man das Stück in Ruhe und alleine lesen. Nur so sind Sie von störenden Einflüssen frei. Keine extravertiert lesende Kollegen, kein Räuspern, kein Lachen, wo Sie nicht lachen würden usw. Nur so begegnen Sie dem "literarischen Schatz" ungestört, der Ihnen in dem Moment allein gehört und der Sie beeindruckt. Schreiben Sie ihre Eindrücke auf, Stichworte reichen. Was hat Sie bewegt, welche Atmosphäre spüren Sie in einer Szene? Das ist alles äußerst wichtig. Ich kann mich teilweise noch Jahre, nachdem ich ein Stück gelesen habe, an bestimmte Eindrücke erinnern, z.b. an eine bestimmte szenische Atmosphäre. Dazu muss man aber, in fast klösterlicher Stille und Geborgenheit, ohne Ablenkung, seinen "Schatz" auspacken. Soweit meine eigene Erfahrung.

Stanislawski forderte zudem Unvoreingenommenheit. Das heißt jede vorgefertigte Auffassung "draußen" zu lassen, wie eine Rolle sein sollte. Sollten Sie das Pech haben, ein Werk schon mal gelesen zu haben, so versuchen Sie es, dem Werk nochmal "jungfräulich" zu begegnen. Blasen Sie jede literatur-theoretische Interpretation Ihrer Schulzeit in den "Rauch der Geschichte". Befreien Sie sich von möglichen fremdgeleiteten Eindrücken, die Ihnen genau sagen wollen, wer und wie Hamlet ist. Gehen Sie an das Werk und die Rolle unvoreingenommen heran. Es ist auch "gefährlich" sogenannte Interpretationshilfen am Anfang einer Rollenarbeit zu Rate zu ziehen, da diese nur den intuitiven Prozess stören. In der analytischen Phase, kann man schon auf solche Hilfen zurückgreifen, wenn es unbedingt nötig sein sollte. Aber niemals am Anfang. Ich würde Erläuterungen, besser als ganze Interpretationshilfen, aber nur zur Hand nehmen, wenn Sie beispielsweise bei Klassikern eklatante Verständnisschwierigkeiten haben. Ansonsten vermeiden Sie diese am besten generell. Auch ist es schwer sich von Eindrücken frei zu machen, die aus selbst angeschauten Theaterstücken erwachsen. Anregungen zu holen, "zu lernen", muss nicht, aber kann im schlimmsten Fall zu Imitation führen. Jede Imitation, jede Kopie, kann aber nur scheitern und nicht im Sinne einer Arbeit nach Stanislawski sein.

In der Praxis ist es manchmal sehr schwierig dem Material – in Ruhe und Gemächlichkeit – zu begegnen. Wenn beispielsweise kurzfristige Besetzungen oder Umbesetzungen stattfinden, dann bleibt nur die gemeinsame Lesung, um das Stück kennen zu lernen. Seien Sie auch da trotzdem offen und möglichst vorurteilsfrei. Ihr Eindruck vom Stück gesamt ist wichtig, nicht nur von Ihrer Rolle allein. Wenn möglich, machen Sie Stichworte, schreiben Sie sie auf. Unterbrechen Sie ihr Lesen, wenn es sein muss, machen Sie Notiz von Ihrem Eindruck, kommentieren Sie diesen ruhig laut. Lassen Sie sich nicht vom dem manchmal entstehenden Schönlesewettbewerb der KollegInnen irritieren.

Es ist eher selten, dass ein(e) Schauspieler(in) seine/ihre Rolle schon beim ersten Mal gänzlich erfasst. Deswegen sprach Stanislawski von den **ersten Lichtflecken** einer Rolle. Diese Eindrücke und Gefühlsimpulse sind wichtig, aber nur einzeln verstreut. Nach und nach erhellen sich diese Lichtflecken dann zu einem Ganzen.

Nach der ersten Begegnung mit Werk und Rolle, folgt nach Stanislawski der zweite Schritt – die Schaffung des körperlichen Lebens der Rolle, noch bevor die erste große Analyse erfolgt.

Zunächst werden die ersten physischen Handlungen und Aufgaben festgelegt, sodass ein **Schema des körperlichen Lebens** entsteht. Es wird eine ununterbrochene Linie aus Aufgaben und Handlungen geschaffen, an die der/die Schauspieler(in) glauben soll. Die Handlungen und Aufgaben sollen wahr, produktiv und zweckmäßig sein. Durch ständiges

Wiederholen werden die Abläufe gefestigt. Keineswegs geht es hier aber um rein mechanische Abläufe, sondern um das Erarbeiten sozusagen einer Matrix, die mit innerem Leben gefüllt wird bzw. der Ausdruck inneren Erlebens ist. Stanislawski sah das Problem, dass innere Prozesse einer äußeren Form bedürfen, die verlässlich ist. Das ist so ein bisschen wie in der Physik, wo Energieformen verpuffen, wenn sie sich nicht im Materiellen ausdrücken können, wie beispielsweise in einer Wärmekraftmaschine. Das psychophysische Leben Ihrer Rolle bedarf zweckmäßiger, logischer und folgerichtiger Handlungen.

Stellen Sie sich die Fragen, was Sie tun und warum, was ihre Aufgaben sind und führen Sie sie Schritt für Schritt, der Reihe nach aus. Sie konstruieren so den *Schienenweg zur Rolle*.

Nach der ersten Begegnung mit dem Material und dem ersten physischen Herantasten mit Hilfe des Schemas des körperlichen Lebens, folgt der Prozess der Erkenntnis durch Analyse. Zunächst erfolgt die *allgemeine Analyse*, die sich auf das Erfassen des gesamten Stückes erstreckt.

Stanislawski unterschied verschiedene Aspekte, die bei der Analyse berücksichtigt werden sollten:

1. **Der äußere Aspekt**: meint vor allem den Aufbau des Stückes.

2. **Der literarische Aspekt**: beschäftigt sich mit der äußeren stilistischen Form

3. **Der ästhetische Aspekt**: geht auf die Dramaturgie und die durch Regie inszenierende Gestaltung ein, sowohl als auch auf Bühnenbild, Musik etc.

4. **Der psychologische Aspekt**: ergründet die Logik des Gefühls, die seelischen Regungen der Figur und die innere Charakterstruktur.

5. **Der physische Aspekt**: richtet sich auf die äußere Charakterzeichnung aus, auf das typische Aussehen, Umgangsformen, Maske, Kostüm, Eigenheiten etc.
(siehe Rellstab 1980: S. 117-118)

Nach der allgemeinen Analyse folgt die *spezielle Analyse*. Hier soll der/die Schauspieler(in) die Rolle zergliedern, jeden Teil untersuchen. Dazu teilt er/sie das Stück in Abschnitte ein. Für diese Abschnitte sucht er/sie Aufgaben und für die Aufgaben Überschriften. Er/Sie stellt Fragen zu den Abschnitten. Er/Sie liest den Text und sucht nach der richtigen Betonung, den Pausen etc. Die Vorgänge und Umstände der einzelnen Abschnitte versucht der/die Schauspieler(in) nachzuvollziehen und darzustellen. Immer mehr werden sich die ersten Lichtflecke erhellen und miteinander vereinigen.

Versuchen Sie auch zu vermeiden, nur mit dem Verstand vorzugehen. Stanislawski forderte immer auch das Begreifen und das Erfassen eines Stücks und einer Rolle auf einer viel tieferen seelischen Ebene.

Aus meiner persönlichen Erfahrung hilft Ihnen aber die intellektuelle Auseinandersetzung immer dort, wo Sie im Stück gegebene Umstände und Verstrickungen nicht nachvollziehen können. Möglicherweise wird es notwendig, historische Recherchen anzustellen, beispielsweise bei einem Werk und Figuren mit historischer Relevanz. Seien Sie dabei aber kein "verbohrter" Historiker, sondern versuchen Sie die historischen Umstände mit Verstand und Herz zu erfassen. Ein(e) Wissenschaftler(in) sammelt Fakten, er/sie will Zusammenhänge verstehen, vergleichen und analysieren. Ein(e) Schauspieler(in) muss zwar auch Hintergründe erfassen und die Umstände verstehen, in der sich beispielsweise eine historische Figur befindet. Aber er/sie muss sie vor allem nachempfinden können. Der Intellekt muss die Vorstellung und Fantasie anregen.

Zusammenfassend kann man sagen, dass die Analyse von der äußeren Form des Werks zu seinem inneren Kern führen soll. Das seelisch-geistige Wesen des Werks gilt es zum Leben zu erwecken. Das ist die Aufgabe des Schauspielers/der Schauspielerin.

Jedes Verstehen der Struktur des Werks, die Eckpfeiler, jedes emotionale Nachvollziehen von gegebenen Situationen und historischen Hintergründen, nützt Ihnen gar nichts, wenn Sie die Gegebenheiten durch ihre Fantasie nicht weiterspinnen. Wenn Sie die gegebene Vergangenheit und Zukunft der Figur nicht ergänzen und lebendig werden lassen, ist es kein Schauspiel im Sinne Stanislawskis.

Nach der ersten Annäherung an Werk und Rolle und der Analyse, geht es um das Aneignen der Rolle. Dazu reicht es nach Stanislawski nicht aus, die Umstände, in denen sich die Rolle befindet, intellektuell und emotional nachvollziehen zu können. Der Protagonist muss an die Wahrhaftigkeit einer Situation glauben. Dazu muss er einen persönlichen Bezug, eine persönliche Einstellung aufbauen. Dies geschieht über die *Bewertung und Rechtfertigung*.

Die Bewertung bringt uns in die Beziehung zu den Dingen und Spielpartnern, unter gegebenen Umständen. Sie motiviert uns zum Handeln. Die Rechtfertigung prüft, ob unser Handeln wahrscheinlich und angemessen ist, in Anbetracht der Umstände und unter Berücksichtigung unserer Einstellung und Beziehung zu den Dingen und Personen.

Ein Beispiel:

Eine Person bedroht Sie, als Figur, mit einem großen Messer. Wie nehmen Sie die Bewertung dieses Umstandes vor? Sicher, klar! Sie geben sich passiv, haben Angst, machen das, was ihr Gegenüber verlangt.

Aber angenommen, Sie sind zwei Meter groß, 130 kg schwer, ein(e) langjährige(r) Kampfkunstmeister(in), selbst die Klitschkos hätten Angst vor Ihnen. Jetzt kann ihre Bewertung völlig anders ausfallen: Sie werden sich gegen den Angreifer aktiv wehren, ihm zeigen wer der Boss ist. Oder aber, Sie wissen, dass ihr Gegenüber ein Depp ist und Ihnen selbst mit einem Panzer niemals gefährlich werden kann. Nun entscheiden Sie sich, den Möchtegern-Kamikaze auszulachen, zu verhöhnen. Durch diese spezielle Bewertung, erlaubt ihnen die Rechtfertigung solch ein Vorgehen. Wichtig ist, im Sinne des Stanislawski Systems, dass die Bewertung und Rechtfertigung eine glaubhafte Handlung ermöglicht, die ihrer Rollenfigur, den Umständen und der Beziehung zu den Dingen und den anderen Figuren gerecht wird.

Andere Beispiele:

Sie bekommen ein schönes Geschenk von einer Person überreicht, die Sie eigentlich nicht leiden kann, so dachten Sie jedenfalls. Wie reagieren Sie? Sind Sie entzückt oder sind Sie verwirrt, sind Sie skeptisch? Freuen Sie sich? Ihr Handeln ist abhängig von Ihrer Bewertung, von Ihrer Einstellung zu der Person.

Sie bekommen ein total hässliches Geschenk von der schönsten Maid oder dem schönsten Burschen ihres Dorfes geschenkt. Wie reagieren Sie? Sind Sie enttäuscht, dass die fesche Resi oder der fesche Hansi so einen schlechten Geschmack hat? Oder freuen Sie sich, dass Ihr Schwarm Ihnen ein Geschenk macht und huldigen es? Jedes Handeln ist gerechtfertigt, wenn es als nachvollziehbare Reaktion aus einer angemessenen Bewertung abgeleitet werden kann.

Wir können auch einen Dreiklang formulieren, der uns in jedem Spiel helfen wird und mir, in meiner Ausbildung, in Mark und Knochen gemeißelt wurde:

1) Aufnehmen:
Das heißt wahrnehmen, auf allen Ebenen, was ist, was ist die Situation, was oder wer tritt Ihnen gegenüber und wie?

2) Bewerten:
Wie bewerten Sie die Umstände aus der Sicht ihrer Figur und welche Einstellung haben Sie zu den Dingen und Personen? Wie sehr berührt Sie das Gesagte etc.?

3) Reagieren:
Ihre Reaktion hängt von ihrer Bewertung ab und sollte gerechtfertigt sein.

Die individuelle Rollenarbeit der SchauspielerInnen wird durch den/die Regisseur(in) angeregt, der/die die einzelnen Rollen zu einem Ganzen zusammenfügen muss. In Zusammenarbeit mit dem/der Regisseur(in) und dem Ensemble entsteht eine kreative Probenarbeit, an dessen Ende eine dynamische Inszenierung steht.

3 Schauspielarbeit nach dem Stanislawski- System – Die Erweiterungen

3.1 Lee Strasberg – The Method Acting

Entspannung ist die Grundvoraussetzung für ein geschmeidiges, lebendiges Spiel und fühlendes Agieren. Sie wird in unserer Zeit oft als ein "Abchillen" oder "Rumhängen" verstanden. Aber genau das ist es nicht.

Aufmerksamkeit, hohe Wachheit sind Voraussetzungen für das Spiel, ebenfalls ist eine optimale Körperspannung (nicht! Verspannung) unerlässlich. Dazu benötigt man eine Entspannungsmethode, die die Verspannungen löst und gleichzeitig aktivierend wirkt. Also keine Schlafsessions oder Traumreisen etc.

Strasberg schlug hier seine chair-relaxation (Stuhlentspannung) vor, die auch heute noch in vielen Schauspielschulen angewandt wird – in verschiedensten Variationen und Kombinationen. Es handelt sich um eine Muskelentspannung, die sitzend im Stuhl durchgeführt wird. Dabei werden, bewusst und aufmerksam wahrnehmend, einzelne Muskelgruppen durchgegangen. Verspannungen werden wahrgenommen und durch Bewegung oder progressive Muskelentspannung (bewusste Anspannung, anschließende Entspannung der Muskelgruppe) gelöst. Dabei werden möglicherweise Empfindungen wach, denen durch stimmlichen Ausdruck (Töne etc.) Raum gegeben wird. Diese Stuhlentspannung eignet sich also auch hervorragend für die emotionale "Entpanzerung" von Schauspielanfängern.

Eine weitere Grundvoraussetzung ist die Konzentrationsfähigkeit auf der Bühne. Konzentration ist die Fähigkeit zur gesteigerten geistigen Aufmerksamkeit. Eine geistige

Wachheit, könnte man auch sagen. Die Konzentrationsfähigkeit wird nach Strasberg durch die Entspannung gefördert. Denn nur in einem entspannten Körper ist geistige Leistung und Emotionalität überhaupt erst möglich.

Strasberg ging davon aus, dass der/die Schauspieler(in) in erster Linie auf imaginäre Reize zu reagieren hat. Er/Sie muss also trainieren, auf diese imaginären Reize zu reagieren, als wären sie real – das erinnert uns an die Stanislawski Als ob. Beherrscht es der/die Darsteller(in) auf diese Reize so zu reagieren, lösen diese entsprechende sensorische, emotionale und motorische Reaktionen in ihm/ihr aus, die ein natürliches und glaubhaftes Spiel ermöglichen.

Zwei Abschnitte des Strasberg-Trainings sind zu unterscheiden:

1.) Die Arbeit des Schauspielers an sich selbst.

2.) Die Arbeit an der Rolle.

Die Arbeit an sich selbst, lässt sich wiederum einteilen:

a.) geistige Arbeit an sich selbst:

Der/Die Schauspieler(in) soll nicht nur historische Fakten und Daten intellektuell, abstrakt erfassen, sondern letztendlich die Geschichte mit Leben erfüllen – sie durchleben:

„Es reicht für den Schauspieler nicht, etwas über die Steinzeit oder die Eisenzeit zu wissen. Er muß versuchen, den Unterschied, den dies tatsächlich im Leben der Menschen bedeutet hat, zu erleben – im Handhaben der Objekte usw."
(Strasberg 2005: S. 33)

Strasberg sah ein Studium der Geschichte, Literatur, Theater und anderer Künste als sehr fundamental an. Aber die reine Abstraktion von Wissen ist für den/die Schauspieler(in) unnütz. Er/Sie muss es erleben können. Das ist auch der entscheidende Unterschied zwischen WissenschaftlerInnen und SchauspielerInnen. Die Ersten ergründen Fakten und beschreiben sie auf intellektueller Ebene. Die Zweiten erleben, durchleben eine Geschichte, verkörpern eine Figur.

b.) körperliche Arbeit an sich selbst:

Der/Die Schauspieler(in) soll zum einen durch die Körperarbeit eine Geschmeidigkeit in der Physis bekommen. Strasberg forderte Fächer, wie Gymnastik, Akrobatik, Tanz und Fechten, die auch heute noch an Schauspielschulen gelehrt werden. Zum anderen soll die Stimmarbeit dazu dienen, die Stimme zu stärken und eine klare Aussprache zu fördern.

c.) emotionale Arbeit an sich selbst:

Das ist die Hauptarbeit des Schauspieltrainings und umfasst das Training, die Kenntnis und das Durchleben verschiedener seelischer Zustände des Menschen.

Innerhalb der Method, ist die **sense memory** dabei eine wichtige Übungsreihe. Es geht darum, bewusst – Objekte, sinnliche Eindrücke und die durch sie entstehenden Empfindungen – wahrzunehmen. Ist das gelungen, so werden diese Objekte imaginiert. Dabei stellt man sich vor, wie es wirklich ist, z.B. in eine Zitrone zu beißen.

Nicht die Pantomime zu etwas ist entscheidend, sondern das sensorische Erlebnis als solches, welches sich dann wahrhaftig in Mimik und Gestik überträgt, ohne etwas zu forcieren. Die sense Übungen werden in den Schulen didaktisch unterschiedlich gehandhabt. Deshalb ist folgende Beschreibung als didaktischer Vorschlag zu verstehen. Zunächst beginnt man mit der Studie eines sensorischen Eindrucks – wenn möglich – dann erst folgt die Imagination. Nehmen wir als Beispiel eine Anfängerübung, die häufig gemacht wird – die Kaffeetasse: Sie sitzen auf einem Stuhl, am besten nach einer vollständigen Entspannung. Dann nehmen Sie eine Tasse in die Hand und beobachten sie. Wie sieht die Tasse aus? Hat sie einen Aufdruck, eine Macke? Wie schwer ist sie? Wie viele Finger brauchen Sie, um die Tasse festzuhalten? Sie können später auch etwas in die Tasse hinein füllen, einen Kaffee oder einen Tee. Welchen Unterschied macht dies im Gewicht? Ist die Tasse voll, halbvoll? Wie riecht das Getränk? Wie schmeckt es? Schnipsen Sie gegen die Tasse, einmal wenn sie leer ist, einmal wenn sie voll ist – wie hört sich die Tasse an? Achten Sie auf jedes Detail. Sie können diese Übung bequem zuhause machen, nur sollten Sie entspannt und offen sein, um auch alles bewusst wahrnehmen zu können. Schaffen Sie eine Arbeitsatmosphäre. Haben Sie die Übung gut durchgeführt, vielleicht auch schon zwei, dreimal, so versuchen Sie nun die Tasse zu imaginieren. Erinnern Sie sich, wie schwer war die Tasse, haben sie daraus getrunken, und wie haben sie daraus getrunken, wie haben Sie die Tasse gehalten? War das Getränk heiß, lauwarm oder kalt? Seien Sie genau. Achten Sie aber auch darauf, welche Empfindungen in Ihnen hoch kommen – sowohl in der Vorübung, als auch in der Imagination. Beispielsweise hatte ich einst eine Tasse, auf der ein Weihnachtsmarkt abgebildet war, sofort kamen wonnevolle Empfindungen in mir hoch. Vielleicht aber hassen Sie Weihnachten, dann lassen Sie auch das zu, was immer es ist. Bei den sense memories geht es um sensorische Wahrnehmungsschulung und die lebendige Verbindung mit unseren Empfindungen. Erst wenn die Imagination eines Objektes oder sensorischen Eindrucks gut funktioniert, beginnt man mit einem anderen Eindruck oder Objekt. Zunächst studiert man den zweiten Eindruck oder das zweite Objekt allein, anschließend erfolgt die Imagination. Wenn die Imagination beider Objekte bzw. Eindrücke gut funktioniert, kombiniert man die zwei Eindrücke/Objekte miteinander. Ist dieses Training erfolgreich, so können drei Objekte/Eindrücke kombiniert werden. Auch hierbei werden zunächst alle Eindrücke einzeln studiert und dann nach und nach kombiniert. Beispiele der sense Kombinationen: Ein Buch lesen, dabei Wein trinken und Musik hören. Sonne/Wärme auf der Haut spüren, Fluggeräusche hören, auf das Meer schauen. Grillgeruch riechen, eine Wurst essen/schmecken, Wind auf der Haut spüren. Zahnschmerz fühlen, einem Gespräch lauschen.

Wichtig ist dabei: Versuchen Sie nicht, die Eindrücke alle gleichzeitig – in gleicher Intensität – zu imaginieren, das ist nicht möglich. Sie nehmen also den einen Eindruck mal etwas stärker wahr, dann den anderen usw. Vielleicht blenden Sie den einen oder anderen Eindruck auch mal für einen kurzen Moment aus – das ist völlig in Ordnung. Es gibt so unendlich viele Möglichkeiten sense memories durchzuführen.

Die möglichst große Echtheit im Erleben führt den Schüler weg vom Kopieren oder Vorführen bestimmter Zeichen. So z.B. dem Halten der Backe, was Zahnschmerz andeuten soll. Nicht die Konzentration auf eine bestimmte Wirkung ist hier entscheidend, sondern die Imagination, das Wahrnehmen, das Erleben.

Die Fließrichtung verläuft von innen nach außen, der Körper, die Mimik und Gestik wird nicht moduliert, sondern stellt sich – einen geschmeidigen Körper vorausgesetzt – von allein ein. Die ZuschauerInnen werden automatisch mitgerissen, solange die aufgebaute Illusion nicht zerstört wird – wie beispielsweise durch das Mittel der Verfremdung (siehe Brecht-Kapitel). Im Theater der Illusion, ganz besonders aber auch für die Film- und Fernsehschauspielausbildung sind die sense memories von unglaublichem Wert. Die Kamera sieht alles, jede Lüge und aufgesetzte Mimik und Gestik wirkt unecht, eher unfreiwillig komisch. Da die Kamera vergrößert, muss das Spiel umso mehr auf das Wesentliche reduziert werden und auf Forcieren verzichtet werden.

Kommen wir zurück zu den sense memories: Die nächste Phase der Arbeit mit Objekten und Eindrücken besteht daraus, eine kleine Szene zu erschaffen:

„Versuchen Sie beispielsweise, folgendes zu spielen: Sie nehmen Gift. Der Versuch, dies zu tun, endet gewöhnlich in ein paar vagen Grimassen oder ein paar wirkungsvollen Muskelverrenkungen. Nun versuchen Sie dies: Machen Sie eine Übung, bei der Sie Aspirin oder Zitronensaft oder Essig nehmen. Dann machen Sie eine Übung mit einem bestimmten Schmerz. Die beiden, nebeneinander fortlaufend ausgeführt, werden ein sehr reales Bild davon ergeben, wie jemand eine giftige Substanz einnimmt."
(Strasberg 2005: S. 37)

Als Fortsetzung der Arbeit empfahl Strasberg Szenen zu spielen, die aus sensorischen Problemen aufgebaut sind:

„Sie kommen zum Beispiel spätabends nach Hause. Sie wollen niemanden aufwecken, weil Sie eigentlich nicht ausgehen durften. Sie haben aber Kopfschmerzen. Im Dunkeln gehen Sie zum Arzneischränkchen, holen sich eine Aspirintablette und nehmen sie. Ihnen fällt ein, daß da noch ein anderes Fläschchen war, das giftige Tabletten enthält. Achten Sie darauf, daß Ihnen nicht gesagt wird, was Sie tun sollen. Wenn Sie diese Szene in Bezug auf die Objekte ausspielen, aus denen sie besteht, werden Sie gezwungen sein, einen Schluß zu erfinden."
(Strasberg 2005: S. 39)

Im Prozess der emotionalen Erinnerung werden vergangene Erlebnisse zunutze gemacht. Strasberg unterschied Empfindung und Emotion, die sich nach seiner Ansicht durch die Intensität unterscheiden. Deshalb können wir auch im Sinne Strasbergs einen Unterschied zwischen der sense memory und der emotional memory machen: Das sense Training memoriert

Sinneserfahrungen mit Objekten bzw. sensorischen Eindrücken und die damit verbundenen Empfindungen. Die **emotional memory** erinnert an Erlebnisse und Umstände, die mit starken, komplexen Gefühlen, sprich Emotionen, verbunden sind. Der/Die Schauspieler(in) erinnert sich aber nicht direkt an das Gefühl – z.B. der Wut – sondern alle sensorischen Phänomene, die mit dem Ereignis verbunden sind, werden erinnert und im Hier und Jetzt wiedererlebt. Das Gefühl, die Emotionen, werden dann wieder zum Leben erweckt. Also, wir versuchen nicht den psychischen Zustand der Angst und alle damit verbundenen Gefühle zu spielen, die wir empfanden, als wir uns im Wald verirrten. Vielmehr rufen wir uns alles ins Gedächtnis, was uns Angst machte: Der dunkle Wald, die merkwürdige Frau, die aussah wie eine Hexe etc. Wie sah der Wald aus? Wir sehen die Dunkelheit wieder vor uns, wie sah die Frau aus, die uns begegnete, wie sprach sie, wie roch sie, wie roch der Wald? All dies ermöglicht uns die Situation, das Ereignis zu erwecken, und zwar nicht als Nacherzählung, sondern als emotionales Erlebnis. Sowohl Stanislawski wie auch Strasberg wären missverstanden, wenn man den Prozess der emotional memory als ein direktes Herstellen eines Gefühls oder Gefühlskomplexes begreifen würde. Es ist aber wichtig – wie gleichzeitig auch schwierig – eine emotionale private Situation zu finden, die der Rolle und ihren Umständen, in angemessener Intensität, gerecht wird.

Die emotional memory wird von manchen Befürwortern zu sehr glorifiziert, gleichzeitig sind aber auch einige kritische Punkte zu nennen. Zunächst muss man zugestehen, dass mit den Kernmethoden der Method weltweit erfolgreiche DarstellerInnen, wie beispielsweise Robert de Niro, ausgebildet wurden und werden. Es ist aber die Frage zu stellen, ob die Trauer des Schauspielers *Kevin Spielgut,* über den Tod seines Vaters, die gleiche Trauer ist, wie die eines Hamlets. Sind nicht Figur und Situation der Figur immer anders, als die eigene Person und das private Erlebnis – ist damit nicht auch die Qualität des Gefühls immer anders? Ist Trauer gleich Trauer? Die emotional memory ermöglicht natürlich eine hohe Authentizität des Darstellers/der Darstellerin, welche sich vor allem für Filmfiguren, die nah am Typ der Schauspielerperson angelegt sind, als sinnvoll erweisen mag. Für das klassische Theater, dessen Figuren weiter von der Alltagsrealität der DarstellerInnen weg sind, dürfen wir uns die Frage stellen, ob sich eine Arbeit mit der emotional memory immer als sinnvoll erweist. Die emotionale Qualität des Spiels ist sicher eine andere, als wenn wir mehr von der Figur ausgehen würden. Wir werden uns mit diesem Thema noch in den Kapiteln 3.2 und 3.4 auseinandersetzen und Lösungsangebote von Stella Adler bzw. Michael Tschechow erhalten. Ein weiterer Kritikpunkt ist mit den Stichworten Schutz und Psychohygiene zu benennen. Das Emotional Memory-Training mit Schauspiel-anfängerInnen bzw. Laien ist durchaus nicht unproblematisch. Mit dieser tiefgehenden Arbeit, können ungewollt alte traumatische Ereignisse tangiert werden. Damit können diese zu Reaktionen der SchülerInnen führen, die den künstlerischen Rahmen verlassen und einer therapeutischen Führung bedürfen. Method-Lehrkörper sind aber nicht zwingend auch psychotherapeutisch ausgebildet, um diese Arbeit leisten zu können. Es kann aber auch sein, dass es durch die Traumati-sierung zu Blockaden beim Protagonisten kommt und so die Darstellung behindert wird.

Professionelle SchauspielerInnen auf der Bühne oder vor der Kamera können zudem in psychische Konflikte geraten, wenn sich ihre privaten Erlebnisse und Emotionen mit den fiktiven Ereignissen der Figur vermischen.

Diese Kritikpunkte seien hier genannt, die die emotional memory als Methode keineswegs vernichten, aber sie kritisch beleuchten soll. Zudem gibt es Menschen, bei denen die emotional memory nicht so gut funktioniert. Es sind Menschen, die einen Zugang zum Inneren besser über die Körperlichkeit finden. Oder feinfühlige Menschen, die eher über das Mitgefühl zu einer Situation oder Figur zu führen sind, als über das eigene persönliche Erlebnis.

Die Tierverkörperung ist eine weitere Übungsreihe, die Strasberg sehr wichtig war. Wenn ein Mensch einen Menschen studiert, so besteht die Gefahr der oberflächlichen Beobachtung. Das heißt, nur die offensichtlichen Details werden registriert, denn der Mensch ist dem Menschen sehr ähnlich. Bei der Verkörperung eines Tieres müssen SchauspielerInnen herausfinden, warum sich dieses Tier so verhält, was sein Gefühl dabei ist. Ein Einfaches so sein wie man selber ist, geht dabei nicht. Nach Strasberg fördern die Tier-Verkörperungsübungen im erhöhten Maße Konzentration, Beobachtung und Fantasie.

Der zweite Trainingsabschnitt ist die Arbeit an der Rolle. Dieser zielt darauf ab, die Umrisse einer Figur mit eigenem Erleben zu füllen. Dazu ist es aber sehr wichtig, die erste Trainingsphase erfolgreich absolviert zu haben.

Die Rolle wird durch die improvisatorische Erkundung des Vorfeldes und des Umfeldes einer darzustellenden Aktion – mit Hilfe von vier W-Fragen – beleuchtet:

1.) Wer bin ich?

2.) Wo befinde ich mich?

3.) Was mache ich dort (Handlung und Absicht)?

4.) Was ist vorher geschehen?

Handlung verstand Strasberg nicht als ein körperliches Verhalten, sondern als die innere Motivation und Aktivität der Figur.

Die Handlung vollzieht sich unter drei Kriterien:

1.) was man tut.

2.) Motivation, warum man es tut.

3.) Anpassung, unter welchen gegebenen Umständen man es tut.

Ein Beispiel: Sie betreten einen Raum (was man tut), weil sie nachschauen wollen, ob sie dort ihr Handy haben liegen lassen (warum man es tut). In dem Raum lauert inzwischen ein sehr großer, sehr böser und unglaublich hungriger, knurrender Hund, der Marke genetisch manipulierter Kampfdogge – ohne Maulkorb (unter welchen Umständen man es tut). Gerade Punkt drei macht die Qualität Ihres Spiels aus. Glauben Sie mir, Sie betreten den Raum anders, als wenn Sie davon ausgehen dürfen, dass sich in dem Raum kein Hund, sondern ein kleines, süßes, lieblich schnurrendes Kätzchen befindet.

3.2   Stella Adler – eine etwas andere Method

Für Stella Adler war die Schauspielkunst mit ihrer Philosophie und Sichtweise über die Welt verbunden, in welcher der/die Schauspieler(in) agiert. Zudem verwies sie ihre SchülerInnen auf das theatergeschichtliche Erbe der Schauspielerzunft, beginnend mit dem Ursprung in der griechischen Antike bis in die Gegenwart. Diese Tradition umfasst die Eigenarten, die verschiedenen Sprachen, die unterschiedlichen Stile und Epochen, die Mode etc. Sie ermahnte ihre SchülerInnen nicht zu klein zu denken, beschränkt auf den eigenen Erfahrungshorizont, sondern erweitert auf die große Welt zu blicken, sowohl auf die Vergangene, als auch auf die fremde Welt, auf das andere Denken, auf andere Kulturen etc.

Adler wollte keine Method-SchauspielerInnen ausbilden, sondern unabhängige Künstlerpersönlichkeiten:

„Die *Method* ist etwas, was Sie mit meiner Hilfe finden werden. Ich bin eine von zwei Millionen, die davon inspiriert worden sind. Aber mein spezieller Beitrag dazu wird Sie davon *unabhängig* machen. Danach werden Sie stark genug sein, sie neu zu formulieren und Ihren eigenen Weg zu gehen."
(Adler 2005: S. 18)

Stella Adler forderte von Ihren SchülerInnen kompromisslose Disziplin ab und ermahnte sie auf ihren Körper zu achten, denn schließlich ist der Körper das Instrument des/der Schauspielers/Schauspielerin. Lässigkeit, eine schlaffe Haltung oder eine dünne Stimme, aber auch mangelnde Bildung, waren Adler ein Graus. Sie forderte die Arbeit an Körper, Geist und Stimme. Sie wollte ihre SchauspielerInnen nicht nur für die Vorabendserie ausbilden, sondern für die "großen" Rollen.

SchauspielerInnen sollten nach Stella Adler nicht nur eine Rolle annehmen, um damit Geld zu verdienen und Anerkennung zu bekommen. Vielmehr sollte der Schauspielberuf zum Leben gehören. Die Arbeit des/der Schauspielers/Schauspielerin ist nicht nur notwendiger Gelderwerb, sondern vor allem Weiterentwicklung:

„Sie werden nicht nur in Form von Geld belohnt werden, sondern mit Weiterentwicklung, mit der Möglichkeit, In Ihrem Beruf zu überleben und ohne äußeren Erfolg auszukommen, mit der Fähigkeit zum inneren Wachstum. Lernen Sie zu arbeiten und sich zu entwickeln, so werden Sie entdecken, dass Ihr Leben von der äußeren Welt nicht zerstört werden kann."
(Adler 2005: S. 19)

Stella Adler sah das Problem der Notwendigkeit, Erfolg haben zu wollen und zu müssen. Aber für die künstlerische Entwicklung ist der Druck des Erfolges durchaus nicht unproblematisch, vor allem nicht dann, wenn er zu früh einsetzt:

„Ich weiß, dass Sie gezwungen sind, sich Ihren Lebensunterhalt zu verdienen, und ich weiß, dass Sie Erfolg haben müssen. Ich weiß, dass wir in unserer Gesellschaft nicht so tun können, als wäre Erfolg nicht wichtig. Heutzutage drängen die Einflüsse der Gesellschaft Sie, schon erfolgreich zu sein, noch ehe Sie die erforderliche Reife dafür erlangt haben. Diese Einflüsse ziehen Sie herunter. Sie haben Sie schon jetzt heruntergezogen – Sie große, wundervolle, junge, viel versprechende Künstler! Sie haben Sie schon so weit heruntergezogen, dass Sie halb davon zerstört sind. Sie wissen es nur nicht, weil Sie sich so sehr danach sehnen, Erfolg zu haben."
(Adler 2005: S. 19)

Stella Adler sah in der Literatur die wichtigen, großen Ideen verborgen. Der/Die Schauspieler(in) soll seine/ihre eher belanglose Alltagswelt nicht mit der Welt des Theaters und der Literatur verwechseln, die auf Tradition mit historischer Bedeutung fußt. Die ganze Bandbreite der Schauspielkunst muss auf die Bedeutung und die Dimensionen der Ideen der Literatur abgestimmt sein. Um diese Ideen und Inhalte zu vermitteln reichen nicht nur "leere" Worte:

„Der erste Aspekt, an dem wir arbeiten wollen, besteht darin, in unserem Geist Bilder zu schaffen, die unseren Worten Energie verleihen. Sie sollen das, worüber Sie sprechen, vor sich sehen. Beginnen Sie immer erst dann zu sprechen."
(Adler 2005: S. 30)

Der/Die Schauspieler(in) soll zu konkreten Objekten auf der Bühne eine gewisse Beziehung aufbauen. Dazu muss er/sie seine/ihre Aufmerksamkeit auf das Objekt richten. Er/Sie muss das Objekt verstehen – wissen was es bedeutet – auf welche Umstände es verweist.

Adler führte oft das allgemein bekannte Stanislawski-Zitat an: „Wahrheit in der Kunst ist Wahrheit in den Umständen." Der erste Umstand, der alles beherrscht, ist: **Wo bin ich?** (vgl. Adler 2005: S. 31)

Die W-Fragen haben wir schon im Stanislawski-Kapitel ausführlich behandelt. Für Adler war die Wo-Frage die erste Frage auf der Bühne, noch bevor der Protagonist die Idee wiedergibt. Dazu muss er alle imaginierten Umstände sehen. Nur wenn der/die Schauspieler(in) wahrhaftig vor sich sieht, wo er/sie sich befindet, konkret und im Detail, nur dann kann er/sie auch die ZuschauerInnen sehen machen.

Dann kommt die Idee, die der/die Schauspieler(in) verinnerlichen, und zu seiner/ihrer Eigenen machen soll. Er/Sie soll eine persönliche Beziehung zu den Ideen eines Autors haben, die seine/ihre Interpretation des Textes beleben. Er/Sie soll sie aber einfach und klar genug vermitteln. Stella Adler wandte sich gegen hochtrabende Darstellungen und Formulierungen.

Adler konzentrierte sich in ihrer Arbeit auf das Handeln, nicht, wie Strasberg, auf das Fühlen und auf die inneren Vorgänge. Und damit wird auch der Einfluss bzw. die Lehre Stanislawskis – in seiner Spätphase – deutlich. **Schauspielen heißt etwas tun**. Das Handeln kann sich schon in kleinen, einfachen Aufgaben entfalten, wie der Beschreibung eines Gegenstandes. Handlung muss konkret sein, sie muss ein Ziel und ein Ende haben. Stella Adler machte einen Unterschied zwischen *starken* und *schwachen Handlungen*. Wenn Sie sich vornehmen irgendetwas zu tun, so ist das schwach, wenn Sie ein konkretes Ziel definieren, so ist das stark. Nehmen wir ein Beispiel: Sie möchten etwas essen – das ist schwach. Sie möchten einen Döner, beim "Türken" Ihres Vertrauens, zu sich nehmen – mit scharfer Soße natürlich: Das ist eine starke Handlung, weil sie ein konkretes Ziel definiert (und natürlich ist Döner auch lecker).

Die Bühne ist ein Podium, das heißt Handeln auf der Bühne ist anders, als Handeln im Alltag. Alles was Sie tun hat Bedeutung, wird von ZuschauerInnen wahrgenommen und verweist letztendlich auf Ihre Figur. Der/Die Schauspieler(in) muss sich der Bedeutung seines/ihres Tuns auf der Bühne bewusst sein. Dabei ist darauf zu achten, dass die Handlung einen Zeitrahmen nicht übersteigt und nicht langweilig auf das Publikum wirkt. Dazu verwies Stella Adler auf eine wichtige Technik, das *Forcieren der Handlung*. Nehmen wir ein Beispiel: Sie sollen auf der Bühne rauchen. Sie holen eine Packung Zigaretten aus der Jackentasche, öffnen sie, ziehen eine Zigarette heraus und zünden sie an. In der Realität kann es sein, dass diese Handlung Pannen beinhaltet, z.B. Ihre Zigarette klemmt, lässt sich nicht aus der Packung entnehmen. Dies sind die grausamen Tücken des Alltags, die uns zu unfreiwilliger Komik verhelfen und unseren trostlosen Alltag entweder tragisch verschlimmern oder aufheitern helfen. Auf der Bühne sollte so etwas unfreiwillig niemals passieren. Sie müssen die Handlung forcieren. Präparieren Sie die Schachtel so, dass sich alle Teilhandlungen reibungslos ausführen lassen. Die ZuschauerInnen müssen mitbekommen was Sie tun, aber in angemessener Zeit. Pannen können natürlich auch inszeniert sein, aber auch diese müssen dann forciert werden, sie sind auf keinen Fall ein Zufallsprodukt.

Stella Adler wies auf die Bedeutung von Körperhaltung und Stimme hin. Sie erkannte auch hier, dass gerade die amerikanische Gesellschaft allzu lässig in der Haltung ist, bis heute – aber das gilt natürlich auch für uns Europäer. Körper und Stimme müssen tragen, sie sind Ausdrucksinstrumente. Der Körper soll nach oben ziehen, die Stimme soll Volumen und Umfang haben. Sowohl die Stimme, als auch die Bewegungen, richten sich stets nach außen:

„Das Wesen des Sprechens ist es, nach außen zu dringen. Das Wesen des Gehens hingegen ist fest, stabil. Das Wesen des

Körpers – was ist das Wesen des Körpers? Denken Sie an ein kleines Kind. Ein Baby stößt seine Füße nach außen, streckt seine Hände aus. Es strebt nach außen."
(Adler 2005: S. 48)

Jede noch so kleine vermeintlich banale Handlung bedarf – im Sinne Stella Adlers – einer Vorbereitung. Nehmen wir ein Beispiel: Sie sitzen auf der Bühne und trinken Kaffee. Allein die Tatsache, dass Sie die Aktivität vollführen, wie Kaffeetasse halten, trinken, Kaffee einschütten etc., bedarf einer ausführlichen Vorbereitung. Stella Adler empfahl ihren Schülern, jede Handlung vorher durchzugehen, zu üben, auszuprobieren. Es ist ein muskulärer Unterschied, ob die Tasse leer, halbvoll oder voll ist.

„Lernen Sie die sensorische Wahrheit des muskulären Gedächtnisses erkennen."
(Adler 2005: S. 53)

Eine Handlung darf nicht ungefähr, sondern muss konkret und realistisch ausgeführt werden. Wenden Sie nur so wenig oder so viel Aufwand auf, wie es der Handlung wirklich bedarf. Wenn Sie übertreiben, einen überschüssigen Mehraufwand betreiben, so erzeugen Sie Komik. Diese Komik sollte aber nur gezielt erzeugt werden und nicht zufällig entstehen. Adlers **sensorische Wahrheit des muskulären Gedächtnisses** hilft Ihnen aber auch in der Komik. Wenn Sie nämlich herausgefunden haben, welcher physische Aufwand für eine Handlung normal ist, wissen Sie auch, welcher Aufwand übertrieben ist.

Es gibt verschiedene Möglichkeiten Handlungen auszuführen. Zum einen einfach und schlicht, ohne Details, zum anderen komplex. Stella Adler forderte die **Handlungen komplexer** zu machen. Stellen Sie sich vor, Sie haben die Aufgabe eine Brille aufzusetzen. Das ist sehr einfach. Sie können die Brille nehmen und sie aufsetzen. Fertig aus. Sie können die Brille aber auch erst an den Gläsern anpacken, dann feststellen, dass Ihre Finger Abdrücke hinterlassen haben, ein Tüchlein hervorzaubern, die Gläser putzen, am Bügel anfassen und die Brille aufsetzen. So hätten Sie die Handlung komplexer gemacht. Gleichzeitig sagen die Details womöglich etwas über Ihre Figur aus. Wenn Sie Ihre Brille nicht mit einem Tüchlein putzen, sondern grob an Ihrem Wollpulli sauber reiben und dann unsanft aufsetzen, wirft dies ein anderes Licht auf Ihre Figur. Sie können mit kleinen Details in Ihrem Handlungsablauf sehr viel zum Ausdruck bringen. Angenommen Sie treten als Ordnungsfanatiker in einen eher chaotischen Haushalt und werden zum Sitzen aufgefordert. Was tun Sie? Sie setzen sich nicht einfach, sondern zuerst beäugen Sie den Stuhl, ob er auch sauber ist, prüfen ob sich Staub auf der Sitzfläche befindet, wenn ja, entfernen Sie ihn. Allein die kleinen Details und Ihr Verhalten zum Objekt, sagen unglaublich viel über ihre Charaktere und die Situation aus.

Adler motivierte ihre SchülerInnen die kleinen Wahrheiten einer Handlung zu erschließen, statt sich nur auf eine einfache, große Wahrheit zu verlassen.

Die Umstände, in denen sich eine Figur befindet, werden durch das Werk vorgegeben. Einige Fakten, ein Rahmen, ist im Stück durch den Autor verankert worden. Der Rest ist Fantasie, Vorstellungskraft. Die Bilder der Fantasie sollen – wie im Stanislawski-Kapitel schon gesagt – aktiv sein, sie werden durch die Handlungen des Protagonisten lebendig. Die Fantasie des/der Schauspielers/Schauspielerin muss nach Adler dem Stück, der Rolle und deren Anforderungen gewachsen sein. Der/Die Darsteller(in) soll nicht von sich selbst und seinem/ihrem Erfahrungshorizont ausgehen:

„Man hat den amerikanischen Schauspielern einen schlechten Dienst erwiesen, als man ihnen einredete, sie müssten *sich selbst* auf der Bühne erleben, anstatt das Stück zu erleben.

Ihre eigenen Erfahrungen entsprechen nicht denen Hamlets – es sei denn, Sie leben ebenfalls als königlicher Prinz in Dänemark. Die Wahrheit der darzustellenden Figur liegt nicht in Ihnen, sondern in den Lebensverhältnissen am königlichen Hof. Hamlets Handlungen und seine Entscheidungen darüber, ob er leben oder sterben soll, müssen seinen Lebensumständen entsprechen – nicht Ihren. Ihre einstige Unentschlossenheit darüber, mit wem Sie auf den Abschlussball gehen sollten, reicht hier als Erfahrungsschatz nicht aus."
(Adler 2005: S. 54)

Und weiter:

„Sie fühlten sich bestimmt elend, als Ihre geliebte Großmutter starb. Sie waren als Kind untröstlich, als Ihr Hund von einem Auto überfahren wurde. Die Erinnerung an diese Begebenheiten kann Ihnen einen Anhaltspunkt dafür geben, wie Hamlet sich wegen des Todes seines Vaters fühlen mag, aber eben nur einen Anhaltspunkt. Was auch immer Sie aus Ihrer eigenen emotionalen Erinnerung rekonstruieren: Es kann kein Ersatz für die Arbeit mit Ihrer eigenen Fantasie sein!"
(Adler 2005: S. 69)

Wie wir schon in vergangenen Kapiteln gesehen haben, muss Handlung im Stanislawski -System wahrhaftig sein. Sie darf nicht aufgebauschtes Schauspiel sein. Wenn Sie einen Betrunkenen darstellen, dann soll sich das dem Publikum – zumindest im Stanislawski-System – wahrhaftig vermitteln. Das ist Konsens bei Strasberg und Adler. Es gibt grundsätzlich zwei Möglichkeiten an die Aufgabe heran zu gehen. Zum einen dadurch, dass Sie über die innere Vorstellung des Rausches, beispielsweise mit Hilfe der Strasbergschen sense memory, in den Taumel eines Betrunkenen geraten. Das wäre der Ansatz von innen nach außen. Natürlich können wir uns auch an unseren letzten Rausch erinnern, wie es uns ging und wie wir uns körperlich gefühlt haben, wie wir mehr und mehr Mühe hatten die Bewegungskoordination im Griff zu behalten. Aber was ist, wenn Sie noch nie einen Rausch hatten (kommt bei SchauspielerInnen selten vor, kommt aber vor)?

Der zweite Ansatz geht vom Handeln aus, also von außen. Beobachten Sie einen Betrunkenen, wie er sich bewegt, wie er darum ringt seine Kontrolle zu behalten und im Gleichgewicht zu bleiben und es ihm misslingt.

Eine gute Übung: Gehen Sie normal, beobachten Sie, wie Sie Ihre Füße aufsetzen, wie sich der Schwerpunkt verlagert. Wo ist ihr Zentrum? Dann geraten Sie aus dem Gleichgewicht. Wie setzen Sie Ihre Füße auf? Was machen Ihre Arme? Immer wieder ringen Sie mit Ihrer Koordination, immer wieder suchen Sie Ihr Zentrum. Sie spielen nicht betrunken, sondern Sie handeln wie ein Betrunkener! Stella Adler nannte dies: *physische Handlungskontrolle.* Körperbeherrschung und Körperwahrnehmung, sowohl das Studieren der eigenen Bewegungen, als auch das Studieren von Bewegungen unter anderen Umständen, sind unerlässlich. Angenommen, Sie spielen jemanden der ein steifes Bein hat. Dann haben Sie das nicht nur vorzutäuschen oder anzuspielen. Sie fühlen auch nicht einfach in sich hinein, sondern Sie studieren genau, wie sich der gesamte Bewegungsapparat verhält – unter dieser besonderen Bedingung eines steifen Beins.

Stella Adler empfahl mit einfachen Übungen anzufangen, um das "Muskelgedächtnis" zu trainieren. Der Deckel auf dem Topf, der schwer oder leicht abgeht, die Türe, die man öffnet etc. Wiederholt, führen diese Übungen zur Schulung dieses Muskelgedächtnisses. Auch sollte man die Übungen imaginär machen, da man auf der Bühne oft mit imaginären Objekten handelt, das gilt vor allem für Vorsprechen. Wenn Sie in Ihrer Szene eine Türe öffnen müssen, so wird Ihnen der/die Regisseur(in) für Ihr Vorsprechen keine Türe dahin zimmern. Deshalb müssen Sie diese Handlungen imaginär vollführen können. Wissen Sie wie die Tür aufgeht? In welcher Höhe befindet sich der Türknauf? Lässt sich die Türe leicht oder schwer öffnen etc. Stella Adler hilft uns hier ungemein, mit ihrer Rezeption der Stanislawski-Lehre.

Aus meiner Sicht bietet Ihnen die physische Handlungskontrolle Sicherheit – gerade bei Vorsprechen. Präzise Handlungen bringen Sie auch zu den Gefühlen. Aber ein Haufen Gefühle und innere Vorstellungen verpuffen möglicherweise schnell, wenn ein grimmiges und wichtig schauendes Auditorium Sie begutachtet. Die konkreten physischen Handlungen sind die Substanz, mit der Sie immer sicher und professionell arbeiten können. Wir werden später noch – mit Michael Tschechow – einen Vorschlag erhalten, wie wir Inneres und Äußeres gezielter verbinden können.

Das was für unsere Handlung, unsere Haltung und Bewegung gilt, gilt auch für unseren stimmlichen und sprachlichen Ausdruck. Auch hier finden wir wertvolle Hilfe in Adlers Lehre:

„Jeder Akzent erfordert, dass die Stellung der Zunge bei der Wortbildung auf bestimmte Weise verändert wird. Wenn Sie einmal erkannt haben, welche Anpassungen erforderlich sind, haben Sie ein Mittel gefunden, um den Akzent zu beherrschen und ihn nicht einfach nur zu imitieren."
(Adler 2005: S. 73)

Üben Sie bestimmte Sprachfehler. Wo steht die Zunge, wenn Sie lispeln, wo wenn Sie korrekt sprechen?

Die *Diskussion* war für Stella Adler ein wichtiges Handlungselement im modernen Theater. Als sich die klar definierten Klassenstrukturen auflösten und die gesellschaftliche Mittelschicht hervorkam, lösten sich auch die eindeutigen Moral- und Wertvorstellungen und die vom Individuum erwarteten Verhaltensweisen auf. Damit fehlte dann auch die absolute Gewissheit in einer Position. Von nun an ergab sich auf eine Fragestellung auch die Möglichkeit von These und Antithese. Stella Adler brachte als Beispiel Ibsens "Nora". In diesem Werk tritt Torvald für Noras Verpflichtungen gegenüber Ehemann und Familie ein. Nora hingegen für ihre Verpflichtung gegenüber sich selbst. (vgl. Adler 2005: S. 81)

Die Diskussion muss nach Adler bestimmte Kriterien erfüllen, die das Schauspiel von der rein intellektuellen Debatte oder gar politischer Debatten unterscheidet:

1.) Die inhaltliche Position einer These wird durch den Protagonisten ernsthaft, klar und ohne abzuschweifen vertreten.

2.) Die Protagonisten müssen einander zuhören.

3.) Das Hervorbringen eines Argumentes ist nicht formal, ohne Bezug, sondern erfolgt auf inhaltlicher und emotionaler Ebene.

4.) Die Handlung beginnt vor dem Sprechen. Das Sprechen ist die Reaktion auf das Gesagte des Partners. Sein Vortrag ist der Auslöser, der Grund für das Sprechen des Protagonisten. Beide Partner müssen sich einhaken, aufeinander reagieren.

5.) Jede(r) Schauspieler(in) soll in der Lage sein, die jeweils gegenseitige Position einzunehmen und zu vertreten. Nur dann kann er/sie den/die Andere(n) auch verstehen. Es geht nicht um den Sieg übereinander, sondern um inspirierenden Austausch.

Mit diesen Kriterien bewegen wir uns im Schauspiel des modernen Theaters. Aber diese Kriterien können auch durchaus auf andere Bereiche des modernen Lebens übertragen bzw. eintrainiert werden. Stellen Sie ich vor, unsere Politiker würden Punkt 1, 2 und 5 beherrschen – was würde sich in unserer politischen Kultur verändern? Können Sie sich das vorstellen?

Das was unsere PolitikerInnen bis jetzt aber eher, wenn überhaupt, nur suboptimal beherrschen, muss der/die Schauspieler(in) unbedingt antrainieren – zumindest in der Adlerschen Arbeitsweise.

Handlungen jeglicher Art bedürfen einer Antwort auf die Frage, warum wir etwas tun. Damit haben wir uns schon bei Stanislawski beschäftigt. Stella Adler machte einen Unterschied zwischen *spontaner* und *innerer Rechtfertigung.* Eine spontane Rechtfertigung ist die unmittelbare, konkrete, plausible aber nicht tiefgründige Begründung für eine Handlung. Zum Beispiel man verlangt ein Glas Wasser, um eine Tablette darin aufzulösen. Stella Adler wies darauf hin, dass die Antwort Durst zu haben, für ein Glas Wasser, keine gute Begründung sei, da sie zu subjektiv ist. Diese Antwort beschreibt einen Zustand. Stattdessen bräuchte man eine Rechtfertigung, die zum Handeln veranlasst, wie ein Glas Wasser nehmen, um den Drink zu verdünnen. (vgl. Adler 2005: S. 107)

Die innere Rechtfertigung geht tiefer:

„Innere Rechtfertigung bedeutet, dass man eine Beziehung zu dem herstellt, was sich hinter dem Text verbirgt. Sie hat weniger mit dem Objekt zu tun als vielmehr mit der Frage, warum das Objekt auf eine bestimmte Weise benutzt oder warum die Handlung auf bestimmte Weise durchgeführt wird. Das *Warum* ist der individuelle und ganz eigene Beitrag des Schauspielers. Der Autor liefert den Entwurf für das Stück, aber der Schauspieler gibt ihm seine eigentliche Bedeutung." (Adler 2005: S. 112)

Der/Die Schauspieler(in) muss also die Idee hinter dem Text finden und verstehen. Durch *Paraphrasieren,* das heißt durch das Erfassen des Textes mit den eigenen Worten, werden diese Ideen herauskristallisiert und verstanden. Der/Die Darsteller(in) baut eine Beziehung zum Text auf, die Ideen werden ein Teil von ihm/ihr.

Wie wir schon im Stanislawski-Kapitel festgestellt haben, sollte man den Text erst lernen, wenn die Ideen dahinter klar sind und auch ein Teil von uns geworden sind.

Die Rolle hat ihren gesellschaftlichen, historischen, politischen, wirtschaftlichen, möglicherweise auch religiösen oder moralischen Kontext. Adler wies daraufhin, dass die Zeiten, in denen ausschließlich Typen gespielt werden, vorbei sind. Der/Die Schauspieler(in) habe sich den Charakter im Zusammenhang mit der gesellschaftlichen Situation zu erarbeiten, nicht losgelöst von ihr. Hamlets Vater und Hamlet leben unter ganz anderen Umständen, als Willy Loman, Vater und Handelsvertreter, in Arthur Millers *Tod eines Handlungsreisenden*. (vgl. Adler 2005: S. 135-136)

Vater ist nicht gleich Vater und Sohn ist nicht gleich Sohn. Wenn wir nicht die politischen, wirtschaftlichen, gesellschaftlichen und moralischen Umstände berücksichtigen, die die Rolle maßgeblich bestimmen, dann spielen wir Typen. Den Typ des Vaters, des Sohns etc.

Stella Adler betonte klar die Hintergrundarbeit, die ein(e) Schauspieler(in) zu leisten hat. Er/Sie muss die gesellschaftlichen Umstände recherchieren, aus denen die Figur hervor kommt und sich mit der Vergangenheit der Figur und der Vergangenheit der Geschichte beschäftigen.

Die Erarbeitung der individuellen Charaktere, im Rahmen der Umstände, mit ihrer Motivation, ihren Zielen, Wünschen, Begehrlichkeiten und Ängsten und den daraus resultierenden Handlungen, ist aber nicht das einzig Wichtige. Für Adler war ***Agieren stets Reagieren***, bezogen auf einen Partner. Dabei ist die *Einstellung zur Partnerfigur* von zentraler Bedeutung. Das *Drama entsteht aus der Haltung der Figuren zueinander*.

Sie müssen sich natürlich Ihrer Figur und den Umständen bewusst sein. Aber das Zuhören und Aufnehmen der Worte und der Emotion der Partnerfigur ist ein qualitativ entscheidender Faktor. Stellen Sie sich vor, Sie sind in einer bewegenden Szene und Ihre Partnerfigur weint tief aus dem Herzen. Selbst wenn Ihre Figur ein "kalter Hund" ist, das kann Sie doch nicht ganz unberührt lassen, oder? Sie müssen irgendwie darauf reagieren! Das macht den Unterschied im Spiel.

In der Praxis kann ich beobachten, dass es Kollegen und Kolleginnen gibt, die eher von innen kommen und welche, die eher von außen kommen. Das führt zwangsläufig zu Konflikten. In einem guten Ensemble aber, gibt es die Probleme nicht, da die SchauspielerInnen aufeinander eingespielt sind und sich ein lebendiges, dynamisches Spiel ergibt. Man kann Agieren ist Reagieren aber auch trainieren. Dazu eine Übung, die ich sehr empfehlen kann:

Zwei Protagonisten sitzen sich gegenüber und sprechen ihren Dialog. A spricht, B hört zu, lässt den Text und die Botschaft auf sich wirken. Dann wiederholt B laut, was A sprach. Dabei geht es nicht nur um den formellen Text, den die Partnerfigur soeben sprach, sondern vielmehr um die transportierte Botschaft. Anschließend antwortet B mit seinem/ihrem Dialogpart, aber nicht brav auswendig gelernt, sondern so, dass der Text die Antwort, die Reaktion auf die vernommene Botschaft von A ist. Und so weiter. Es geht hierbei also um Zuhören, Aufnehmen, Bewerten und Reagieren auf das Gegenüber. Sie können sich bei dieser Übung Zeit lassen, es muss nicht nach dem Prinzip Anschlüsse, unmittelbar die Reaktion erfolgen. Lassen Sie den Text des Gegenübers, nachdem Sie ihn wiederholt haben, auf sich wirken, wenn er bei Ihnen auch auf tieferer Ebene angekommen ist, dann erst antworten Sie. Ein Dialog, der auf der Bühne beispielweise 5 Minuten dauern würde, darf dann auch mal locker mehr als die doppelte Zeit in Anspruch nehmen. Es ist eine Übung!

Das Zweite ist die Forderung Adlers eine Einstellung zur Partnerfigur zu entwickeln. Auch das ist manchmal zu beobachten, dass SchauspielerInnen sich mit sich selbst und ihrer Figur hervorragend beschäftigt haben, aber die Einstellung und Beziehung zur Partnerfigur vernachlässigen. Auch das kann man dann letztendlich in der Qualität des Spiels erkennen.

Deshalb ist es wichtig, bei jeder Charakterfindung der Figur, die anderen Charaktere mit zu berücksichtigen. Und zwar insofern, dass Sie von der Charaktere ihrer Figur "Beziehungsfäden" zu den anderen Figuren spinnen und dabei eine Einstellung Ihrer Rollenpersönlichkeit zu den anderen Rollen entwickeln.

Stella Adler hat der Körperhaltung und der Kleidung eines Schauspielers/einer Schauspielerin, genauso dem Verhältnis von ihm/ihr zum Requisit, zum Objekt, große Bedeutung beigemessen. Sie verwies darauf, dass der/die private Schauspieler(in) auf der Bühne nicht wichtig ist, sondern es nur auf die Figur und ihren Umständen ankommt. Die Körperhaltung gibt Auskunft über Status, Machtposition und Haltung zu den Dingen und Partnern und auch zur Haltung der Figur zu sich selbst. Die Kleidung gibt Auskunft über die Figur und ihre Zugehörigkeit. Ein Richter in seiner Robe, ein Pfarrer, eine Nonne, aber auch ein Geschäftsmann in seinem Anzug, ausgestattet mit Laptop und Handy, alle verweisen in ihrer Berufskleidung auf ihre Zugehörigkeit, Konvention und Tradition. Genauso ist es mit der älteren Dame in ihrem Korbstuhl. Der Korbstuhl hat eine Historie, er steht für eine Zeit, eine Geschichte. Möglicherweise ist er an einer Stelle lädiert. Allein diese Tatsache erzählt eine Story. Dies muss der

Protagonist wissen und sich dann dazu verhalten. Wie die Dame in ihrem Korbstuhl sitzt, wie sie ihn anfasst, alles dies ist aussagekräftig. Vielleicht ist der Stuhl ein Erbstück und verbindet mit einem geliebten Menschen. Genauso der Jäger, der eine Anstecknadel mit stolzer Brust trägt, die ihm seine überlegene, schießträchtige Machtposition über das erlegte, bemitleidenswerte Wild bescheinigt. Natürlich macht solch ein Requisit, solch eine Kleidung auch etwas mit dem/der Schauspieler(in). Ziehen sie einen Jogginganzug an oder einen Anzug, ein Kleid etc. Sie fühlen sich ganz anders, sie gehen anders. Sie könnten in einem Jogginganzug niemals eine Rede eines Vorstandsvorsitzenden halten, so sehr Sie sich anstrengen, es wird Ihnen wohl nicht gut gelingen. Oder?

Adler empfahl Ihren SchülerInnen über ihren eigenen geistigen und politischen Horizont hinaus zu denken. Die demokratische Struktur ist nicht zwingend die Struktur, in der sich die Figuren des klassischen Theaters bewegen. Deshalb muss der/die Schauspieler(in) wirklich recherchieren und begreifen, was es bedeutet Aristokrat zu sein, was es bedeutet beim Militär zu sein. Er/Sie muss verstehen und nachvollziehen, was Macht bedeutet und wie sich Macht anfühlt. Ebenfalls muss er/sie jede Rolle, in jeder Zeit, nachvollziehen können. Was bedeutete es Arbeiter vor hundert oder zweihundert Jahren zu sein? Was bedeutet es heute? Wie kleidet sich ein Bauer? Welchen Umständen sieht er sich gegenüber gestellt? All dies war Stella Adler sehr wichtig und sie war unermüdlich ihren SchülerInnen einzutrichtern, dass die Figur in ihren Umständen zu berücksichtigen ist und der/die Schauspieler(in) nicht von sich selbst und seiner/ihrer "kleingeistigen" Alltagssituation ausgehen soll.

3.3 Strasberg gegen Adler – Ein Vergleich

Warum Stella Adler und ihre Lehre nicht so populär geworden ist, wie die "Method" eines Lee Strasbergs, mag schleierhaft erscheinen und die Beantwortung dieser Frage ist rein spekulativ. Aber ein Grund mag sein, dass Strasberg und seine Nachfolger sich gut vermarkten konnten/können. Sogar manche LaienschauspielerInnen rühmen sich mit dem Besuch eines Method-Acting Seminars, ohne zu wissen, was wirklich dahinter steht. Die Marketing-Maschine läuft. Lee Strasberg ist womöglich sogar beim bürgerlichen Bankvorsteher, der von Schauspiel nichts versteht – zumindest namentlich – bekannt, während er Konstantin Stanislawski womöglich für den legendären Fußballtrainer hält. Hier wird "Henne mit Ei" verwechselt. Die "Method" wurde nicht in Amerika geboren, sondern in Russland. Dennoch ist das New York-Actors Studio, wie auch das Lee Strasberg-Institute, immer noch eine Adresse, auch für europäische SchauspielerInnen. Manch ein deutscher Serienstar verschwindet kurzzeitig nach Amerika, um sich dort "fortzubilden".

Stella Adler ist weit weniger bekannt. Das kann aber neben Marketinggründen auch an ihrer besonderen Lehre liegen. Wie wir schon festgestellt haben, ist diese keine rein methodisch didaktische Lehre. Sondern eng verbunden mit ihrer persönlichen Sichtweise über die Welt des Theaters, welches das literarische Werk in der Größe und Kraft der Idee des Dramatikers angemessen darbietet und dabei die historische, kulturelle, gesellschaftliche Dimension von Werk und Rolle im höchsten Maße berücksichtigt. Gerade aber heute, seitdem moderne Inszenierungen das Werk in die Jetztzeit projizieren und den Geist des Dramatikers eher in den verdienten Ruhestand schicken. Ebenso ist die Rollen und Figurenkonzeption, wie wir noch sehen werden, teilweise eine völlig andere. In solchen Zeiten setzt sich die Adlersche

Philosophie über ein dramatisches Theater, indem die Größe von Wort und Idee des Dramas und die gesellschaftlich-historische Relevanz von Werk und Rolle eine hohe Bedeutung hat, am wenigsten durch. Das könnte ein Grund sein.

Im Rahmen des traditionellen Theaters oder der Film und Fernsehausbildung, ist Adlers Ansatz aber durchaus sympathisch und modern:

Greifen wir nochmal drei wichtige Forderungen Adlers heraus:

a.) Handlung ist als Ausgangspunkt zu wählen.

b.) von der Figurenbiographie ausgehen und nicht von der Schauspielerperson selbst.

c.) mehr über das Verhältnis zur Partnerfigur zu agieren und zu reagieren, als nur aus sich selbst heraus zu agieren.

3.4 Michael Tschechow

Wie in den vorherigen Kapiteln schon angesprochen, können wir uns in der Schauspielarbeit aus zwei Richtungen bewegen – von innen nach außen oder von außen nach innen. Innerhalb der Stanislawski-Schulen, soll der Körper durch bewegungstechnische Fächer trainiert werden, damit er innere Impulse transparent nach außen sichtbar machen kann, bzw. physische Handlungen so ausführen kann, sodass sie organisch sind. Tschechow ging da aber noch weiter. Es war ihm nicht genug, den Körper einfach nur flexibel zu machen. Er forderte eine spezielle Verbindung, eine Harmonisierung, von Körper und Seele:

„Der Schauspieler muß seinem Körper ideelle Impulse zuführen. Nur so kann er ihn verfeinern, biegsam und gehorsam machen. Nur so kann er ihn als empfindsames und ausdrucksfähiges Instrument für seinen inneren Reichtum

einsetzen. Sein Körper muß, um den mannigfachen Aufgaben zu genügen, von innen heraus geformt und neu geschaffen werden."
(Tschechow 1992: S. 18)

Tschechow entwickelte psychophysische Übungen, um dieses Ziel zu erreichen.

Ein sehr wichtiges Thema bei Tschechow ist die *Imagination und Verkörperung*. Ergänzend zu seinem Lehrer Stanislawski, ging es Tschechow verstärkt um die Imagination der Figur, die der/die Schauspieler(in) zu spielen hat. Der/Die Schauspieler(in) ist von Bildern umgeben, die aber unvollkommen und schwindend sind. Er/Sie muss ihnen Fragen stellen, damit sie zu aktiven Bildern werden:

„Dazu ein Beispiel: Nimm an, du sollst Malvolio in "Was Ihr wollt" spielen. Nimm an, du beschäftigst dich mit dem Zusammentreffen von Malvolio und Olivia im Garten, nachdem er den geheimnisvollen Brief erhalten hat. Nun beginnst du Fragen zu stellen wie: «Zeig mir, Malvolio, wie würdest Du das Gartentor durchschreiten und dich lächelnd der geliebten Dame nähern?» Die Frage regt sofort dein inneres Bild von Malvolio an zu handeln. Du siehst ihn in der Ferne. Hastig verbirgt er den Brief unter seinem Gewand, um ihn später triumphierend hervorzuziehen. Mit gespanntem Nacken und todernstem Gesicht sucht er Olivia....."
(Tschechow 1992: S. 32)

Nun beginnt die zweite Phase, indem weitere Fragen gestellt werden. Die Rolle wird in der lebendigen Imagination hinterfragt:

„Was hat dir Malvolio in der kleinen "Vorstellung" geboten? Die erste Antwort auf deine Frage. Aber du bist vielleicht unbefriedigt. Seine "Vorstellung" ließ dich kalt. Du stellst weitere Fragen: Sollte Malvolio nicht würdevoller sein? War

sein Auftreten nicht zu sehr Karikatur? War er nicht zu alt? Wäre es nicht besser, ihn eher pathetisch zu sehen? Oder könnte es nicht sein, dass sein Geist erschüttert und dem Wahnsinn nahe ist, wenn er glaubt, das Ziel seines Lebens erreicht zu haben? Oder sollte er mehr einem Clown ähneln? Sollte er nicht noch älter und unwürdiger sein? Oder sollten seine lüsternen Wünsche deutlicher betont werden? Oder vielleicht wäre seine Erscheinung noch eindrucksvoller, wenn er humorvoller wäre. Wie, wenn er einem naiven und unschuldigen Kinde gliche? Ist er vollständig verwirrt oder noch fähig, seine Sinne unter Kontrolle zu halten?"
(Tschechow 1992: S. 33)

Verschiedene Spielweisen und Variationen werden offenbar und die Rollengestalt wird kreativ geformt. Die Imagination der Rolle ist letztendlich ein Produkt der Fantasie, sie wird aus dem Unbewussten der Schauspielerperson geschaffen und ist damit gestaltbar. Tschechow wandte sich gegen die rein intellektuelle Analyse, da diese das Vorstellungsvermögen und das Gefühl unterdrücken würden.

Die Imagination der Figur wird mit der Willenskraft und dem eigenen persönlichen Gestaltungswunsch der SchauspielerIn verbunden. Ist die Imagination befriedigend und die Willenskraft hoch genug, so soll der/die Schauspieler(in) mit dem Verkörpern anfangen und so genau wie möglich verkörpern. Wenn es Abweichungen der Verkörperung zu dem imaginären Vorbild gibt, so dürfen diese durchaus angenommen werden, wenn sie aus einer echten Inspiration des Protagonisten entstehen. Die Phase der Verkörperung verbindet die vorbildhafte Imagination mit dem Körper und der Stimme der SchauspielerInnen. Tschechow empfahl schrittweise vorzugehen und sich nicht die Rolle auf einmal einzuverleiben. Sondern von Charakterzug zu Charakterzug. Im nächsten Schritt sollen dann Handlungen, die Spielweise des Partners, die Vorschläge des Regisseurs etc., berücksichtigt werden.

Wir sehen schon jetzt, dass die Tschechow-Methode für die kreative Rollenarbeit, die nicht nur von der Schauspielerperson selbst ausgeht, sondern vom imaginären Prototyp der Figur zur Schauspielerperson verläuft, sehr wertvoll für uns sein kann.

Michael Tschechow legte viel Wert auf eigene Interpretation und *schöpferische Improvisation* der SchauspielerInnen. Er beanstandete schon damals die Ansicht, dass der/die Schauspieler(in) reines Werkzeug und ausführendes Organ des Autors und Regisseurs sei und kein Raum für seine eigene Individualität gegeben wäre. Vielmehr bilden – nach Tschechow – die Worte und Handlungen eine feste Grundlage für die SchauspielerInnen, auf der sie mit dem WIE improvisieren können. Also, wie sie mit den Worten und Handlungen umgehen, die dem Textbuch entstammen.

Ebenso legte Tschechow Wert auf die psychologischen Übergänge, die zwischen dem Text bzw. den Handlungen liegen. Dort sah er ungeheures Gestaltungspotential und Raum für die persönlichen Interpretationen der SchauspielerInnen. Tschechow wandte sich – wie auch Stanislawski – gegen Klischeeschauspiel und forderte den/die Schauspieler(in) auf, nicht immer nur sich selbst zu spielen.

Atmosphäre ist bei Tschechow ein weiterer wichtiger Begriff. Atmosphären finden sich beispielsweise in Räumen, am Morgen, in der Nacht, im Frühling, im Winter, aber auch in der Landschaft oder auf dem Friedhof findet man Atmosphären. Atmosphäre schafft den Rahmen für gefühlstiefe, bedeutungsvolle szenische Ereignisse auf der Bühne und verbindet SchauspielerInnen miteinander. Autor, Regisseur, Schauspieler, Bühnenbildner, Musiker etc., schaffen eine Atmosphäre des Schauspiels. Wenn es Ihnen gut gelingt, diese Atmosphäre herzustellen, so werden auch die ZuschauerInnen in den Bann gezogen, sie nehmen Anteil. Nach Tschechow müssen wir aber auf die Verbindung von *Atmosphäre und Gehalt* achten. Die Atmosphäre umrahmt sozusagen den Gehalt der Szene. Sie muss passend, angemessen und abgestimmt auf diesen Gehalt sein. Wenn Sie beispielsweise einen Todeskampf auf der Bühne gestalten, so darf die Atmosphäre keineswegs zu schwach sein.

Manchmal können Sie in Deutschlands Theaterlandschaft noch eine Regie vorfinden, die sich offensichtlich dem "schöngeistigen Theater" verschworen hat. Das heißt, Szenen werden mit pompösen und starken Bühnenbildern umgeben. Manchmal aber, ist die entstehende Atmosphäre dem Gehalt der Szene nicht angemessen. Der Gehalt kann durch eine nicht passende Atmosphäre verzerrt und verfälscht werden, gar zu unfreiwilliger Komik führen. Das sollte stets vermieden werden.

Ein konkretes Beispiel dazu: In einem großen deutschen Opernhaus, welches hier nicht genannt werden soll, habe ich einst eine Operninszenierung besucht.

Insgesamt war es ein hervorragend gelungenes Opernstück. Es spielte eine Szenerie in einer Art fürstlichen Salon. Das Bühnenbild war gigantisch, atemberaubend. Es erschien mir, als hätten hier die größten Meister des Bühnenbilds sämtliches Jahresbudget aller deutschen Opern nur in diese Szene hinein gesteckt. Das Problem war nur, dass die SängerInnen – auf mich – wie erschlagen gewirkt haben. Wohlbemerkt, ausgezeichnete KünstlerInnen, internationalen Ruhmes. Sie drangen nicht durch, sie standen offensichtlich weder in Spannung zur äußeren Atmosphäre, noch in Einklang damit. In diesem Fall war die äußere Atmosphäre einfach viel zu stark, zu mächtig. Vereinfacht ausgedrückt: Die SängerInnen haben sich einen "Wolf" abgesungen, aber es gelang ihnen nicht, sich mit dieser großartigen äußeren Atmosphäre zu verbinden, sie hatten einfach keine Chance. So etwas können Sie immer wieder in der Oper, Operette – aber durchaus auch im Sprechtheater – beobachten.

Deshalb ist es für uns Theaterschaffende sehr wichtig, aus diesen Fehlern zu lernen und stets die Fragen zu stellen: Wodurch entsteht welche Atmosphäre und bietet diese den angemessenen Rahmen für den Gehalt der Szene? Und sind die SchauspielerInnen mit der Atmosphäre in Beziehung? Passen die Kostüme der SchauspielerInnen zur allgemeinen Atmosphäre?

Wir halten fest:

1) Der Gehalt der Szene muss durch eine angemessene Atmosphäre durchdrungen bzw. umrahmt werden.

2) Die Protagonisten müssen sich mit der Atmosphäre verbinden und in einem Verhältnis, einer Beziehung dazu stehen.

3) Bühnenbilder dürfen im dramatischen Theater, in der Oper etc. kein Selbstzweck sein, sondern ihre atmosphärische Wirkung muss die Protagonisten angemessen umhüllen und dem Gehalt und der Kraft der szenischen Vorgänge entsprechen.

4) Wir können Atmosphäre auch als Medium, als alles durchdringenden Äther, auffassen, die den Gehalt der Szene emotional durchdringlich transportiert.

Etwas anderes ist es, wenn **zwei unterschiedliche Atmosphären** aufeinander prallen. Nehmen wir, als Beispiel, ein altes erhabenes Schloss, welches eine atemberaubende, ruhige, geheimnisvolle, zeitvergessene Atmosphäre in sich birgt. In dieses Schloss tritt nun eine Gruppe von Touristen, die zuvor auf dem Rummel waren. Sie bringen eine lärmende, aufdringliche, hektische Atmosphäre mit. Beide Atmosphären stehen in Spannung zueinander, beide stechen sich, nur Eine kann letztendlich über die Andere siegen. Also entweder die Atmosphäre der Gruppe setzt sich durch oder diese lässt sich von der Schlossatmosphäre in Beschlag nehmen.

Zudem unterschied Tschechow zwischen dem **subjektiven individuellen Fühlen** und der **objektiven allgemeinen Atmosphäre.**

Anders als bei dem Zusammenprall zweier Atmosphären, von denen nur Eine überleben kann, kann ein individuelles Fühlen, in Spannung zur objektiven Atmosphäre, bestehen bleiben. Ein Beispiel: Sie gehen mit übelster Laune auf eine ausgelassene, fröhliche Party. Ihre Laune kann bestehen bleiben und die allgemeine Stimmung auch. Sie stehen in Spannung zueinander. Es kann sogar sein, dass Ihre Laune immer schlechter wird, je fröhlicher die Partymenschen sind. Es bildet sich ein Kontrast zwischen Ihrer Übellaune und der allgemeinen Fröhlichkeit. Dieser kann, entsprechend ausgespielt, ungemein komisch auf ZuschauerInnen wirken. Natürlich kann aber auch Ihre Laune die Frohnaturen der Party anstecken, sodass die objektive Atmosphäre in Übellaunigkeit wechselt. Oder aber Sie werden ergriffen von der ausgelassenen Atmosphäre und feiern fröhlich mit. Alle diese Möglichkeiten sind nach Tschechow denkbar. Wenn Sie es schaffen, die Arbeit mit den Atmosphären handwerklich gut umzusetzen, so erhalten Sie ein eindrucksvolles, lebendiges, das Publikum ergreifendes Schauspiel.

Tschechow sah in der **Atmosphäre** eine **innere Dynamik** verborgen, diese veranlasst den/die Schauspieler(in) sich zu verhalten und zu handeln. Es gibt Atmosphären, wie beispielsweise die Katastrophenangst, bei denen sich die innere Dynamik offen zeigt. Andere Atmosphären, wie die der Nacht, sind scheinbar passiv. Der/Die kreative Schauspieler(in) aber sieht in der Nacht Gestalten, nimmt die verwegene Stille wahr etc. Die Nacht ist nicht langweilig, sondern hochgradig spannend und dynamisch. Wenn wir uns auf die Atmosphäre einlassen, erhalten wir Inspiration, unsere Fantasie wird angeregt und wir verbinden verschiedene Figuren, Gedanken, Handlungen und Gefühle miteinander. Die Atmosphäre ist eine Art Kitt, die alles durchdringt und miteinander verbindet. Sie geht über das individuelle Gefühl einer Figur hinaus.

Es gibt verschiedene Möglichkeiten auf der Bühne Atmosphäre zu schaffen, die ich wie folgt einteilen und bezeichnen möchte:

1.) optische Effekte: Licht, Farben- und Schattenspiele, Nebel erzeugen, Stroboskopeffekte

2.) gestalterische Effekte: Bühnenbild, Requisite, Kostüm

3.) akustische Effekte: Musik und Geräusche, Klänge, gesanglich-stimmlich

4.) rhythmische Effekte: das Trommeln eines Todesmarsches kann beispielsweise eine beeindruckende Atmosphäre entstehen lassen.

5.) Pausen und Stille. Nichts kann so atmosphärisch sein, wie die Stille.

6.) formative Atmosphäre: durch Tanz- oder Bewegungsformationen kann Atmosphäre entstehen.

7.) aktionale-relationale Atmosphäre: durch Aktionen der Protagonisten und ihrer Beziehung zur Aktion und der Relation der DarstellerInnen untereinander, entsteht Atmosphäre.

8.) räumlich-relationale Atmosphäre: Durch Bühnenpräsenz, bewusste Beziehung zum Raum und zu den Requisiten kann verschiedenste Atmosphäre aufgebaut werden.

Wie Stanislawski sah auch Tschechow, dass Gefühle nur indirekt hervorgelockt werden können. Sie sind vom Protagonisten nur schwerlich direkt und unmittelbar herzustellen und auch Schwankungen unterworfen. Tschechow empfahl ein weiteres Hilfsmittel, um Gefühle hervorzurufen – neben der Imagination und der Wirkung der Atmosphäre – die Gebärde bzw. *psychologische Geste:*

„Hebe einen Arm. Senke ihn. Was hast Du getan? Du hast eine Gebärde gemacht, und zwar ohne Schwierigkeit. Warum? Weil diese Gebärde vollkommen deinem Willen unterstellt ist. Nun wiederhole die Gebärde, indem du ihr eine besondere Eigenschaft erteilst. Laß es z.B. Vorsicht sein. Mache dieselbe Gebärde vorsichtig. Hast du sie mit gleicher Leichtigkeit ausgeführt? Wiederhole sie mehrmals und sieh zu, was geschieht. Die vorsichtig ausgeführte Bewegung ist nicht nur bloß eine physische Handlung. Jetzt hat sie einen seelischen Inhalt. Was bedeutet das? Eine Empfindung von Vorsicht durchdringt nun deinen Arm. Die Bewegung hat psychophysischen Charakter bekommen. Gleicherweise wird dein ganzer Körper, wenn du ihn mit der Vorstellung von Vorsicht bewegst, mit derselben psychophysischen Empfindung durchdrungen und erfüllt. Die Sinnesempfindungen sind also das Gefäß, in das die wahren künstlerischen Gefühle einströmen. Wie ein Magnet ziehen sie alle Gefühle und Gemütsbewegungen an, die der vom Schauspieler für die Rollengestaltung gewählten Eigenschaft entsprechen. Nun frage dich, ob du deine Gefühle gezwungen hast. Gabst du dir den Befehl, Vorsicht zu fühlen? Nein. Du hast nur deine Gebärde mit einer gewissen Eigenschaft ausgeführt. Durch diese Eigenschaft erzeugtest du die Empfindung von Vorsicht, und durch diese Empfindung erwachten deine Gefühle wie von selbst. Der Weg führt also von der mit einer Eigenschaft gefärbten Gebärde über die Empfindung zum Gefühl. Wenn du dieselbe Bewegung mit mehreren gleichgerichteten Eigenschaften wieder-

holst, stärkt sie die von dir erstrebten Gefühle. Auf diese Weise kommst du in den Besitz des einfachsten technischen Mittels, deine Gefühle zu lenken, sollten sie sich widerspenstig und kapriziös erweisen und deine Arbeit sabotieren."
(Tschechow 1992: S. 56-57)

Wir halten also fest: Nach Tschechow wird die Gebärde durch den Willen ausgelöst und mit einer Eigenschaft, wie z.B. Vorsicht, belegt. Diese Eigenschaft erzeugt die Empfindung und diese wiederum erweckt die Gefühle. Die ausgeführte Gebärde besitzt also psychophysischen Charakter. In diesem Sinne ist die Gebärde der Schlüssel zu unseren Gefühlen. Der Schlüssel zur Willenskraft ist, nach Tschechow, die Wiederholung. Die psychologische Gebärde kann schon vor der eigentlichen Charakteranalyse verwendet werden. Durch die Intuition und die Vorstellungskraft entstehen erste vage Eindrücke von der Rolle. Und so kann man schon nach den ersten psychologischen Gesten suchen, bevor eine intellektuelle Analyse die Rolle für den/die Schauspieler(in) verstandesmäßig durchschaubar macht. Die psychologische Geste macht ein erstes Herantasten an die Rolle möglich. Dabei verbindet sie den körperlichen Ausdruck und die Gefühlswelt miteinander.

Tschechow beschrieb fünf Anwendungsmöglichkeiten für die psychologische Gebärde. (siehe Cechov 1992: S. 49ff) Folgend seien die fünf Möglichkeiten beschrieben:

1.) Aneignung der Rollengestalt im Ganzen:

Eine Bühnenfigur besitzt Willen und Gefühl. Wenn es dem/der Schauspieler(in) intuitiv gelingt, das wesentliche Wollen und Fühlen seiner darzustellenden Figur auszuloten, so kann er/sie den ersten Eindruck gleich in einer PG verkörpern:

„Wenn Sie beispielsweise an der Rolle des Stadthauptmanns in Gogols "Revisor" arbeiten, können Sie finden, daß sein Wille

die Tendenz zu einer *ängstlichen* (Kolorit) *Vorwärtsbewegung* (Gebärde) aufweist. Sie entwerfen eine einfache, zu Ihrem ersten Eindruck passende PG."
(Cechov 1992: S. 50)

Die Gebärde ist zunächst primitiv und motiviert dazu, sie weiterzuentwickeln und zu verfeinern. Die PG ist ein Vorbereitungsverfahren, welches dem Publikum verborgen bleibt. Nach Tschechow soll die PG kraftvoll und energetisch sein.

Die Vorteile liegen auf der Hand. Unser erster Eindruck wird nicht sofort analytisch-theoretisch rationalisiert und kalt gestellt, sondern durch das Verkörpern in einer PG, die immer mehr verfeinert wird, nähern wir uns dem Wesen der Rolle intuitiv-künstlerisch von außen an. Der Verstand hilft uns dabei durch Prüfung und Korrekturvorschläge an der PG, er erdrückt aber nicht unsere Intuition. Die schauspielerische Annäherung an die Rolle durch die PG hat den Vorzug, dass wir sie direkt körperlich erfahren und ausprobieren können, als jemand, der sie verkörpern, nicht einfach nur verstehen und erklären soll.

2.) Einzelmomente in der Rolle

Neben den Gebärden für die ganze Rolle, gibt es die Gebärden für die Einzelmomente, die nach Tschechow ausdrücklich nicht gleichgemacht werden sollen. Vielmehr sind die Gebärden nur für einen Einzelmoment gedacht, für diesen abgeschlossen und verschieden von den Gebärden anderer Momente. Dennoch können sich die PG gegenseitig ergänzen und bereichern. Sie inspirieren den/die Schauspieler(in) und bringen ihn/sie auch insgesamt weiter.

Ein Beispiel: Stellen Sie sich vor, Sie spielen eine Rolle, die eher ruhig und besonnen agiert, doch in einem bestimmten Moment nervös wird. Setzen Sie eine PG für diesen Einzelmoment. Wippen (Gebärde) Sie nervös (Eigenschaft) auf der

Stelle, oder ähnliches. Die Gebärde ist für den Moment, dennoch passt Sie zu Ihrer Figur. Denn gerade dieses nervöse Verhalten, in dieser einen Situation, bezeichnet und kontrastiert diese Rolle besonders, die ja ansonsten eher ruhig agiert.

3.) PG für einzelne Szenen

Unabhängig von der Rolle, kann mit der PG das Wesentliche jeder einzelnen Szene ergründet werden. Die Handlung der Protagonisten, die Beziehung untereinander, ihre Charakterstruktur etc., bestimmen den Charakter einer Szene. Trotz der Komplexität der Szene, kann mit Hilfe der PG das Fühlen und Wollen in dieser Schritt für Schritt ergründet werden.

4.) Für die Atmosphäre:

Auch die Atmosphäre lässt sich mit der PG ausloten. Tschechow beschreibt ein Beispiel:

„Die Schlußszene aus Maxim Gorkijs Stück "Das Nachtasyl" liefert ein typisches Beispiel für das plötzliche Entstehen einer starken, ausdrucksvollen Atmosphäre. Asylbewohner richten sich auf ein nächtliches Zechgelage ein. Gerade stimmen sie ein Lied an, als die Tür plötzlich aufgerissen wird: «BARON (*steht auf der Schwelle und schreit*): He... ihr da...kommt mal her...hierher...auf dem Gelände da drüben...da hat sich einer...ein Schauspieler...aufgehängt! (*Schweigen. Alle schauen zum Baron hin. Hinter seinem Rücken erscheint Pastja und geht mit weit aufgerissenen Augen auf den Tisch zu.*) SATIN (*nicht sehr laut*): Mist...das Lied hat er versaut...Idiot!»* Mit dem Auftritt des Barons ändert sich die Atmosphäre schlagartig. Sie beginnt mit einem Schock und anfänglich maximaler Anspannung, die gegen Ende allmählich nachläßt. Ihre Grundstimmung erleben Sie zunächst als schmerzhafte Überraschung, die am Ende in eine melancholische Bedrücktheit übergeht. Sie machen einen ersten Versuch, die PG aufzufinden. Sie sieht vielleicht so aus: Die Arme werden rasch

(Kraft) hochgeworfen (Verblüffung), die Fäuste ballen sich (Schmerz und Kraft) und senken sich, nach einer kurzen Pause (Schock), langsam nach unten (wachsende Melancholie und Bedrücktheit)."
(Cechov 1992: S. 57ff.)

Tschechow macht hier noch weitere Vorschläge für Variationen der PG. Die Psychologische Gebärde, einmal durchgemacht, hilft dem Protagonisten sich in die Atmosphäre einzuleben.

5.) Für die Sprache:

Hier wird der Einfluss Rudolf Steiners und seiner Eurythmie auf Michael Tschechow deutlich. Im pädagogischen und medialen Mainstream wird Eurythmie leider mit Waldorfschule und "seinen Namen tanzen" verbunden und meist als unnötige Disziplin abgeurteilt. Die Eurythmie ist aber eine, wenn auch streitbare, fundierte Methode und Kunstform, die geistige und seelische Inhalte mit Bewegung und Gesten verbunden sieht. Für Steiner war die Sprache Bewegung und Handlung zugleich. Für ihn war Sprache also nicht nur die funktionale Koordination verschiedener Schwingungen, die Aneinanderreihung verschiedener Laute, sondern sie umfasst inhaltliche Wesenszüge.

Tschechow erläuterte die sogenannte Laut-Eurythmie wie folgt:

„Jeder Laut, ob Vokal oder Konsonant, schließt unsichtbar eine bestimmte Gebärde ein. Sie kann enthüllt und im Sichtbaren als Gebärde des menschlichen Körpers ausgeführt werden. Diese Gebärden sind ebenso voneinander verschieden wie die Laute selbst. Der Laut A enthält beispielsweise unsichtbar die Gebärde der Öffnung, des Empfangens, der Hingabe an einen von außen kommenden Eindruck: eine Gebärde des Staunens und der Andacht. Die Arme winkeln sich von der Brust,

gleichsam ihrem Mittelpunkt, ab und nehmen im Sich-Öffnen die Gestalt eines Kelchs an."
(Cechov 1992: S. 60)

Tschechow beschreibt hier noch weitere Laute und ihre Gebärden, dann geht er auf den Unterschied zwischen Vokalen und Konsonanten ein:

„Die Vokale haben eine intimere Verbindung mit dem Innenleben des Menschen, mit seinem seelischen Erleben, seinen Gefühlen, Sympathien und Antipathien. Die Konsonanten wiederum bilden in sich und in ihren Gebärden die Welt der äußeren Erscheinungen ab."
(Cechov 1992: S. 61)

Und weiter:

„Indem Sie diese Gebärden eurythmisch, das heißt im Sichtbaren, ausführen, erwecken Sie in sich Gestalten, Gefühle und Kräfte, die dem *Gehalt* jeder Lautgebärde gemäß sind. Einmal in Ihrer Seele erwacht, dringen sie unmittelbar in den Klang Ihrer Stimme ein und machen Ihre Sprache gehaltvoll, lebendig und künstlerisch. Laute, die sich zu Silben, Worten und Sätzen verbinden, beeinflussen und bereichern und verändern sich gegenseitig, indem sie eine unendliche Vielfalt von Nuancen erzeugen."
(Cechov 1992: S. 61)

Der wesentliche Unterschied der Tschechowschen PG zur eurythmischen Gebärde ist der, dass die Letztere objektiv existiert, während die Erste subjektiv ist und vom Protagonisten selber gefunden werden muss. Die eurythmische Gebärde kann aber – nach Tschechow – bei der Findung der PG helfen. Letztendlich ging es ihm um eine lebendige Sprache, dessen Hauptimpuls nicht nur vom kalten Verstand ausgeht. Sprache sollte also nicht oberflächlich sein, sondern aktiv von Wille und Gefühl begleitet sein.

Tschechow machte einen Unterschied zwischen *innerem und äußerem Tempo*. Er bringt das Beispiel der Hotelhalle bei Nacht, in der Portiers schnell und geschickt (äußeres Tempo) Gepäckstücke, in den zur Abfahrt bereit stehenden Autobus befördern, dabei aber innerlich ruhig sind (inneres Tempo). Während die Gäste äußerlich beherrscht, langsam (äußeres Tempo) sind, es aber innerlich in ihnen brodelt (inneres Tempo), da Sie unbedingt den Nachtzug bekommen müssen und nicht wissen, ob dies gelingen wird. (vgl. Tschechow 1992: S. 71)

Wir sehen, inneres und äußeres Tempo muss nicht gleich sein. Stellen Sie sich vor, Sie warten aufgeregt vor dem Prüfungsraum, dass sich jeden Moment die Tür öffnet und die PrüferInnen Ihnen das Ergebnis des Kolloquiums verkünden. Sie könnten innerlich platzen. Darstellerisch haben Sie die Möglichkeit, Ihr inneres Tempo synchron durch schnelles, hektisches Auf-und Ablaufen zum Ausdruck zu bringen. Dann verpufft womöglich Ihre Spannung. Anders, wenn Sie sich sichtbar bemühen ruhig zu bleiben, aber Ihr Inneres wie ein Vulkan brodelt. Dann entsteht aus der Gegenläufigkeit von innerem und äußerem Tempo eine Spannung, die sich auch auf den/die Zuschauer(in) übertragen kann. Es ist doch ungemein spannender, einem "Hans-Dampf" zuzuschauen, der sich permanent versucht zu beherrschen und ruhig zu bleiben, als einem wild hin- und herlaufenden "Rumpelstilzchen", oder nicht?

In der Praxis gibt es das scheinbar auf ewig ungelöste, streitbare Problem: Wieviel Persönlichkeit der SchauspielerInnen darf oder soll in ihren Figuren enthalten sein? Kann man überhaupt jemand anderes sein? Man hat doch kein anderes Material, als seinen eigenen Körper und seine eigene Stimme!? Soll man sich selbst spielen, nur in einem anderen Status und einem anderen sozialen Zusammenhang, einer anderen Situation, in einer anderen Zeit, etc.? Tschechow sprach sich klar gegen reine Selbstdarstellerei aus:

„Solche Ich-Bezogenheit führt in eine gefährliche Sackgasse. Das theatralische Schaffen würde verkümmern und niemals auf Neuland stoßen. Dabei sollte doch jede Kunst dazu dienen, neue Horizonte des Lebens und neue Facetten des Menschen zu entdecken und zu offenbaren. Aus der Verschiedenheit der Erscheinungen erwachen Erkenntnisse. Wie du im Leben nie zwei ganz gleichen Personen begegnest, so findest du auch in Dramen nie zwei vollkommen identische Rollen."
(Tschechow 1992: S. 73)

Wir stehen im Schauspiel immer vor dem Problem, dass wir einer fiktiven oder gar historischen Figur andere Eigenschaften und auch eine andere körperliche Erscheinung zuordnen, als wir – als Material – selber zu bieten haben. Wie stellen Sie sich beispielsweise Richard den Dritten vor, der von Shakespeare als Krüppel gezeichnet wurde? Unabhängig davon, dass die moderne Forschung offensichtlich Zweifel an dieser "Zeichnung" Richards hat. Sie sehen doch nicht aus wie Richard, sind kein Krüppel, kein Bösewicht, oder?! Oder stellen Sie sich die Gräfin Orsina in Lessings *Emilia Galotti* vor. Sie sind, sagen wir mal, 1,55 m groß, dünn und unscheinbar, Sie sehen nicht aus wie eine Gräfin – vom Format der Orsina. Wahrscheinlich werden Sie auch nie für diese Rolle besetzt. Vielleicht spielen Sie ihr ganzes Leben nur kleine, dünne, unscheinbare Frauen. Glück gehabt, aber auch Schade, oder? Und wenn Sie doch andere Figuren spielen müssen oder dürfen, die sich körperlich völlig anders imaginieren lassen oder gar vom Werk vorgegeben sind, als das was Sie zu bieten haben? Jeder muss die Klassiker doch mindestens einmal in der Schauspielschule spielen. Wie wir es auch wenden, das Dilemma bleibt. Wir werden als Riesen nicht zu Zwergen schrumpfen, auch wenn wir auf Knien auf der Bühne hin und her rutschen. Wir können aber imaginieren, dass wir ein Zwerg sind. Wir können uns sozusagen einen imaginären Zwergenkörper überstreifen:

„Stell dir vor, daß in dir und um dich herum, sozusagen in demselben Raum, den dein Körper einnimmt, ein anderer, von deinem Geist soeben geschaffener, imaginärer Körper existiert. Nun bekleidest du dich mit diesem Körper, als wäre er ein Gewand. Was ist der Erfolg dieser Maskerade? Nach einer Weile, vielleicht auch sofort, wirst du fühlen und denken, als wärest du jene andere Person."
(Tschechow 1992: S. 74)

Oft sind es auch nur Körperteile, die wir imaginieren. Stellen Sie sich vor, Sie sollen Cyrano de Bergerac spielen. Sie haben als Schauspieler aber eine Nase, die schöner nicht sein kann! Sie bekommen eine riesige Nase, als Maske. Gut und schön, aber Sie müssen dieses Manko imaginieren. Sie müssen sich diesen Körper oder dieses Körperteil wirklich anziehen. Die plastische Nase hilft Ihnen dabei, ohne Zweifel.

Ganz besonders hilft uns der Vorschlag Tschechows, wenn wir Tiere spielen, beispielsweise in einem Kinderstück. Wie fühlt sich ein Bär in seinem dicken Fell, wie leicht fühlt sich ein Schmetterling? Nicht nur die Motivation, das Bedürfnis des Tieres ist zu bestimmen, sondern eben auch der fremde Körper ist anzunehmen. Die Tschechow-Methode bietet uns hier also eine weitere Dimension für unsere Arbeit an der Figur:

„Wenn du den imaginären Körper wirklich annimmst und mit ihm übst, dann weckt er Willen und Gefühle in Harmonie mit Bewegung und Sprache. Er verwandelt dich in eine andere Person."
(Tschechow 1992: S. 74)

Der imaginäre Körper ist sozusagen eine bildhafte Vorstellung, die uns mit der Seele und dem Körper einer Figur vertraut macht und vereinigen lässt. Ohne ein aufwändig erstelltes intellektuelles Psychogramm der Figur zu erstellen, wird die Figur sozusagen imaginär angezogen und ihre Psychologie intuitiv erlebt.

Neben der Arbeit mit einem imaginären Körper, empfahl Tschechow die Bestimmung eines *imaginären Zentrums*:

„Das imaginäre Zentrum vermag dein ganzes Wesen auf einen Punkt zu konzentrieren. Von ihm strahlt deine Aktivität aus. Wenn du das Zentrum beispielsweise von der Brust in den Kopf verschiebst, dann beginnt das gedankliche Element dein Spiel zu dominieren, deine Bewegungen zu koordinieren, deine Haltung, deine Sprache und dein Benehmen zu beeinflussen. Du hast das Gefühl, dein Spiel werde von den Gedanken her gelenkt."
(Tschechow 1992: S. 75)

Ein Zentrum sollte aber eine Eigenschaft haben, es sollte lebendig bleiben und nicht nur rein formell festgelegt werden:

„Für einen weisen Mann könnte das Zentrum groß, leuchtend und strahlend sein; für eine dumme, fanatische, engstirnige Person eingeschrumpft, dicht und hart. Ein weiches, warmes, nicht allzu kleines Zentrum im Unterleib deutet auf einen selbstzufriedenen, erdgebundenen, behäbigen, auch humoristischen Menschen. Ein winziges hartes Zentrum auf der Nasenspitze ergibt ein wunderfitziges, neugieriges, herumspähendes, zudringliches Wesen. Verschiebe das Zentrum in eines deiner Augen und beobachte, wie rasch du schlau, listig, sogar heuchlerisch wirkst."
(Tschechow 1992: S. 76)

Tschechow machte einen Unterschied zwischen dem Rollencharakter, als dem Ganzen, und Charakterisierung:

„Unter Charakterisierung verstehen wir das Hervorheben irgend eines kleinen typischen Zuges, einer besonderen Bewegung, einer charakteristischen Art zu sprechen, zu lachen, zu gehen, ein Kleidungsstück zu tragen, die Hände oder den Kopf zu halten."
(Tschechow 1992: S. 77)

Die Charakterisierung soll mit dem Charakter ganzheitlich verbunden sein und ihn so bezeichnen, ohne irgendetwas nur aufzusetzen oder nachzuahmen:

„Doch müssen diese Merkmale mit der Gesamtheit des Rollencharakters in Einklang stehen. Sie dürfen nur wie ein gutes Make-up schon bestehende, wichtige Züge betonen."
(Tschechow 1992: S .77)

Wie findet man die Charakteristika? Durch Beobachtung! Beobachten Sie, wie Menschen sich bewegen, wie sie sich unterhalten, gestikulieren und wann, wie und in welcher Situation sie das tun. Der Unterschied zu reiner Imitation oder gar Parodie ist einfach der, dass der/die Schauspieler(in), anders als der Parodist, eine fiktive Figur erschafft. Die beobachteten Charakteristika sind bloß als Bausatz gedacht. Sie werden sozusagen geschliffen und geformt und der fiktiven Figur angepasst.

Ein Beispiel hierzu: Stellen Sie sich vor, der Oberstudiendirektor Ihres Gymnasiums leckte sich immer mit der Zunge, plötzlich und impulsiv, über die Lippen. Könnte Ihre fiktive Figur, eines sehr vergeistigten Professors das nicht auch tun? Wichtig hierbei: Es wird nicht imitiert, sondern Sie passen dieses Charakteristika dem ganzheitlichen Charakter ihrer Figur an. So wie der Zahnarzt Ihnen die Keramik-Krone anpasst, sodass diese völlig dicht und eins mit Ihrem gesamten Zahninventar wird. Anders als die Krone aber, die ja nicht auffallen sollte, bezeichnet das Charakteristika den gesamten Charakter und lässt ihn erkennen.

Kommen wir zu der spannenden Frage nach dem Verhältnis von SchauspielerInnen zur Rolle. Wenn wir von der neuen Ära des postdramatischen Theaters (Kapitel 8) und vom speziellen Grotowski Theater (Kapitel 5) erst einmal ganz absehen wollen, so müssen wir deutlich zwischen den Anti-Illusionisten Meyerhold und Brecht (Kapitel 6) und den Illusionisten innerhalb des Stanislawski-Systems unterscheiden, zu denen auch Tschechow gehörte. Innerhalb der Illusionisten geht es um die Frage, wie homogen sind SchauspielerIn und Rolle, die bis heute aufgeregt kontrovers diskutiert und vermutlich kein Ende finden wird. Selbstverständlich wussten auch Stanislawski und Co, dass es ein völliges Verschmelzen von SchauspielerIn und Rolle nicht geben kann, denn das würde in jedem Fall ein Verlust von Kontrolle bedeuten. Der/Die Schauspieler(in) muss aber immer und unbedingt alles, was auf der Bühne geschieht, und selbstverständlich sich selbst und seine/ihre Rolle kontrollieren. Erinnern Sie sich bitte an Kapitel 2.5. Dazu braucht er/sie eine Distanz zur Rolle, die aber nicht zu groß sein darf, denn sonst läuft er/sie Gefahr, dass die Homogenität der Rolle aufgebrochen und der/die Schauspieler(in) hinter der Rolle sichtbar wird.

Die nächste Frage bezieht sich darauf, wie persönlich die Rolle sein darf oder soll. Sind es wirklich die eigenen Gefühle, die aus der Erinnerung persönlicher Erlebnisse von SchauspielerInnen resultieren und so zu den Gefühlen der Rolle werden?

Zu diesen Fragestellungen bietet uns Tschechow einen sehr interessanten Lösungsansatz an. Er ordnet der sogenannten *Schöpferischen Individualität* drei Bewusstseinsebenen zu. Die ersten zwei Ebenen bezeichnet er als erweitertes bzw. *Höheres Ich* und *Alltags-Ich.* Das Alltags-Ich entspricht dem Bewusstsein der Schauspielerperson selbst. Das Höhere Ich ist

das Ich des Künstlers, das sich dem Material des Schauspie-
lers/der Schauspielerin bedient, also seiner/ihrer Stimme,
seines/ihres Körpers und seiner/ihrer Gefühle. Dieses
schöpferische Ich formt das Material und aktiviert den
spielerischen Prozess. Tschechow erkannte, dass dieses
Höhere Ich so effektiv sein kann, dass es grenzüberschreitend
wirkt:

„Es ist zu frei, zu mutig und zu mächtig, zu erfinderisch und
daher dem Absturz ins Chaos nahe. Die Macht der Inspiration
ist immer gewaltiger als die Ausdrucksmittel und bedarf daher
einer einschränkenden Instanz."
(Tschechow 1992: S. 81)

Diese einschränkende Instanz findet sich im Alltags-Ich. Es
kontrolliert, reguliert und sorgt für die Wahrung der Form.
Jede Theaterinszenierung ist auf Absprachen gebaut. Es gibt
eine Form, die nicht zerstört werden darf. Um diese Form zu
schaffen und auch zu halten, benötigt der/die Schauspieler(In)
das Alltags-Ich. Tschechow ging von der Zusammenwirkung
zweier Bewusstseinsebenen aus, der des erweiterten Ichs und
der des Alltags-Ichs.

Damit aber nicht genug. Bei Tschechow kommt noch ein
drittes Bewusstsein dazu, das des Charakters. Der Charakter
ist illusionär und die Gefühle entstammen nicht aus dem Alltag
der SchauspielerInnen, da sie mit ihren persönlichen Bedürfnissen zu sehr verbunden wären. Vielmehr sollten die
Gedanken und Gefühle aus dem Reich des Unbewussten
geschöpft werden:

„Und hier, im Unbewußten, von dir vergessen oder überhaupt
nie bemerkt, unterliegen deine Erlebnisse einem Prozeß der
Reinigung, einer Entschlackung von Egoismen. Solchermaßen
filtriert und umgeformt werden sie zum Material, aus dem
deine schöpferische Individualität, die Psyche, die "illusorische

Seele" der Bühnenfigur schafft."
(Tschechow 1992: S. 82)

Die Reinigung oder *Läuterung* wird von dem Höheren Ich übernommen. Es schöpft aus dem Unbewussten, ungesehen vom Alltagsbewusstsein, unabhängig von Egoismen und privaten Belangen, erschafft es den Charakter, die Bühnenfigur. Wir können uns das folgendermaßen veranschaulichen:

Alles was wir erlebt, beobachtet, das was wir erfahren, gefühlt und gedacht haben, wird irgendwann verarbeitet und gereinigt, es wird von dem egoistischen befangenen Alltagsbewusstsein entkoppelt und in die Schublade des Unbewussten abgelegt. Wir haben es sozusagen ad acta gelegt und kein bewusstes Interesse mehr daran. Das Gefühl des Liebeskummers ist zwar in uns, wir sind fähig damit künstlerisch zu arbeiten, aber es ist nicht mehr der Liebeskummer, der uns – als Alltags-Ich – immer noch mit dem schönen, gelockten Friedolin oder der kessen, glutäugigen Chantal-Noel verbindet. So kann das Höhere Ich aus der unbewussten Tiefe schöpfen und die "neue Seele" konstruieren. Zudem weist die schöpferische Individualität gewisse Kennzeichen auf, wie Eigenheiten, Neigungen, Temperament, die dem/der Schauspieler(in) seit der Geburt anhaften. Dies und die geschöpften und gereinigten Erlebnisse und Gefühle sind Bestandteile des Bühnencharakters, der, losgelöst vom Alltags-Ich, auf der dritten Bewusstseinsebene stattfindet.

Die Frage, wie ich es schaffe, wahrhaftig für die Rolle und dennoch nicht befangen, durch meine privaten Belange, zu sein, scheint bei Tschechow eine Antwort zu erhalten.

Denn mit ihm bekommen wir einen interessanten Lösungsansatz: Indem wir nicht aus dem Alltagsbewusstsein schöpfen, sondern aus dem Unbewussten, in dem aber alles abgespeichert ist, was wir in unserem Leben erfahren und beobachtet haben. Es ist also Unseres, es gehört zu uns, aber auf einer anderen Ebene. Der Charakter, der aus der unbewussten Inspiration geschaffen wird und von den Fängen des Alltags-bewusstseins befreit ist, ermöglicht die Wahrhaftigkeit des Charakters, aber ist frei von privaten, alltäglichen, unbedeu-tenden oder überfrachteten Belangen der privaten Schauspie-ler-Person.

Eine Kritik oder Frage, die bei dieser Theorie erklingen könnte, kann wie folgt formuliert werden: Ist es überhaupt möglich einen Rollencharakter zu erschaffen, dessen Erfahrungshori-zont und Charakterstruktur sich von meiner eigenen Persön-lichkeit und Erfahrung deutlich unterscheidet, ohne bewusst auf zumindest ähnliche, als Substitut bzw. Analogie geeignete, eigene Erfahrungen aus der Alltagswelt zurückzugreifen?

Dazu gibt Tschechow eine klare Antwort:

„Wäre dem nicht so, hätten weder Shakespeare aus seinem unseres Wissens verhältnismäßig nicht bedeutenden Leben, noch Goethe aus seinem gelassen-glückhaften Dasein heraus so weltbewegende Werke schaffen können, indes andere, weit "dramatischer" lebende Dichter nicht annähernd so Großes geschrieben haben. Die innere Aktivität unseres höheren Ich, welches die Gefühle läutert und wandelt, bestimmt letzten Endes das Künstlertum."
(Tschechow 1992: S. 82-83)

Die geläuterten Gefühle der Figur haben zwei wichtige Eigenschaften:

a.) Irrealität

Die Gefühle des Charakters sind tief und überzeugend, aber sie sind genauso irreal, wie die Seele der Bühnenfigur. Die Figur wird aus dem Reich des Unbewussten erschaffen und eben nicht aus dem Alltagsbewusstsein. Deshalb kann der/die

Schauspieler(in) die Figur und die Gefühle genauso entstehen lassen, wie er sie auch vernichten kann. Tschechow wies in diesem Zusammenhang auf Probleme hin, die entstehen können, wenn SchauspielerInnen eigene Alltagsgefühle auf der Bühne verwenden:

„Früher oder später verursachen solche Versuche ungesunde, hysterische Phänomene, emotionelle Konflikte und nervöse Zusammenbrüche. Reale, im Leben gehegte Gefühle hemmen Inspiration; und umgekehrt: Inspiration hängt nicht ab von realen Gefühlen."
(Tschechow 1992: S. 83)

Wie in Kapitel 1 schon besprochen, hatte Tschechow 1917/18 eine psychische Krise. Es liegt nahe anzunehmen, dass er oben auch von seinen eigenen Erfahrungen spricht. Das allerdings ist nur eine Annahme und kann von mir derzeit nicht verifiziert werden. Es sollte uns aber nochmals an die in Kapitel 3.1 aufgekommene Kritik an dem emotionalen Gedächtnis (emotional memory) erinnern.

b.) Mitempfindung

Durch Läuterung der Gefühle, durch die Befreiung bzw. Abgrenzung von seinen alltäglichen und persönlichen Belangen, ist der/die Schauspieler(in) erst in der Lage, mit seiner Rolle mitzuempfinden. Der/Die Schauspieler(in) kann jetzt erst empfindsam werden:

„Dein höheres Ich verleiht den geläuterten Gefühlen des Bühnencharakters schöpferisches Mit-Empfinden. Das höhere Ich erschafft und beobachtet seine Geschöpfe und nimmt teil an ihren Schicksalen. Es lebt und leidet mit ihnen. Ihr Seelenleben wird zu dem seinen. Der wahre Künstler in dir vermag daher mit Hamlet zu leiden, mit Julia zu weinen und über den unheilstiftenden Falstaff zu lachen."
(Tschechow 1992: S. 83)

Lassen wir oben stehendes Zitat auf uns wirken, so könnte uns das womöglich an Riccoboni und seinen *kalten Schauspieler* (s.Kap.1) erinnern. Wenn wir wollen, können wir Stanislawskis Lehre der Frühphase dem Konzept des *heißen Schauspielers* zuordnen. Ob der Einfluss Stanislawskis auf Tschechow – und dessen Forderung persönliche Gefühle im Spiel heranzuziehen – nicht zuletzt aber auch ein Druck, der auf Tschechow gelastet haben soll – die psychische Krise Tschechows ausgelöst hat, ist nur eine Vermutung. Aber möglicherweise hat seine Krise mit dazu beigetragen – neben den Einflüssen, Steiners, Wachtangow und Meyerholds auf ihn – seine Lehre zu entwickeln, die offensichtlich von einem kalten Schauspieler ausgeht. Diese These, dass Tschechows Philosophie mindestens Ähnlichkeit mit dem kalten Schauspieler Riccobonis hat, lässt sich durch die obigen Aussagen belegen: Zum einen ist das die Forderung nach der Irrealität der Seele der Figur, die erschaffen und zugleich vernichtet werden kann. Zum anderen aber auch die Forderung, über die Mitempfindung die Seele der Figur zu erschaffen. Riccoboni forderte ebenfalls eine Befreiung der Seele von alltäglichen Belangen und vom Selbstempfinden, sodass die Seele frei ist und den Seelenzuständen des Bühnencharakters *ähnlich gemacht* werden kann. Mit diesen Hinweisen möchte ich dieses Kapitel schließen. Man möge sie diskutieren, sich Gedanken machen. Immer aber geht es hier nicht – aus meiner Sicht – um richtig oder falsch, sondern um die Bewusstwerdung der Qualitätsunterschiede im Spiel, wenn wir heiß – aus dem Alltagsbewussten schöpfen – oder eher kalt – losgelöst vom Alltagsbewusstsein und den persönlichen Gefühlen des Schauspielers/der Schauspielerin agieren. Mit Qualitätsunterschiede meine ich ebenfalls nicht schlecht oder gut, keine Wertung, sondern vielmehr die Art, Intensität und Wirkung des Gefühls, der Darstellung. Anders, zugespitzt formuliert, kann man auch fragen, soll Chantal aus Köln-Chorweiler, die Liebe zu Kevin Justin Jason empfinden, wenn sie Julia spielt? Oder soll sie die geläuterten Gefühle und Erfahrungen aus dem Unbewussten, befreit und gereinigt von der Alltagserfahrung, der imaginären Seele Julia zur Verfügung stellen? Machen Sie sich nur klar, dass beide Möglichkeiten Unterschiede in der Art, Intensität und Wirkung bedeuten, dass das eine aber nicht schlechter, das andere nicht besser, sein muss.

4 Keith Johnstone – Status und Raum

4.1 Status als primäre Voraussetzung des Spiels

Wir wollen uns im Folgenden mit dem so wichtigen und spannenden Thema Status beschäftigen, den Johnstone, im öffentlichen Leben und in seiner praktischen Arbeit, untersucht hat. Aus der Sicht Johnstones, muss sich ein(e) Darsteller(in) nur um des Status bewusst sein, um frei improvisieren zu können, die übrigen Umstände müssen nicht gegeben sein.

Für Johnstone ist Status das, was man tut und nicht zwingend deckungsgleich mit dem sozialen Status. Der soziale Status, das sind der Obdachlose und der Graf, der Chef und sein Arbeiter etc. Wir können zwischen einem Hoch- und einem Tiefstatus unterscheiden. Nun kann aber ein anderer Status gespielt werden, der im Gegensatz zum sozialen Status steht. Folglich kann ein Protagonist einen sozialen Tiefstatus besitzen und hoch spielen und umgekehrt. Als Beispiel führt Keith Johnstone einen Kurzdialog an, indem ein Landstreicher (sozialer Tiefstatus) eine Herzogin (sozialer Hochstatus) anpöbelt, also hoch spielt, diese aber wird dabei, entgegen ihres sozialen Status, automatisch erniedrigt. (vgl. Johnstone 2004: S. 57)

Wir können nach Johnstone drei Statusspieler unterscheiden:

1.) Den Hochstatusspieler

2.) Den Tiefstatusspieler

3.) Den Status-Experten

Letzterer kann sich selbst flexibel herabsetzen oder erhöhen. Der Status-Experte kann im Leben – aber auch auf der Bühne – mit verschiedenen Situationen sehr gut umgehen, da er in der

Lage ist, seinen Status, sprich sein Tun, sein Verhalten, zu verändern. Dabei sind die Statuswechsel nicht extrem, sondern immer ein bisschen höher oder tiefer, als der Status des Gegenübers.

Johnstone geht davon aus, dass es kein neutrales Verhalten gibt, denn jedes Heben und Senken der Stimme, jede Körperhaltung, jede Gestik und Mimik drückt Status aus. Wenn jemand versucht neutral zu sein, so überspielt er/sie einfach nur seinen/ihren Status, verbirgt ihn also.

Eine wichtige Technik, die Johnstone beschreibt, ist die Wippe. Stellen Sie sich eine solche Wippe vor, Sie kennen sie aus Ihrer Kindheit. Wenn Sie ein Impro-Spiel oder einen Dialog nach Wippenprinzip vollführen, so erhöht sich A über B, dann wird A erniedrigt und B erhöht sich usw. Das kann allein über eine Geste oder ein besonderes Betonen im Text geschehen, manchmal sind Dialoge auch schon vom Autor so angelegt. Die Wippe muss immer in Gang bleiben, so bleibt das Spiel im Fluss. Sie brauchen also Status-Experten für dieses Spiel. Wenn nur einer auf seinem Status beharrt, so funktioniert das Spiel nicht mehr. Sie kennen das noch aus Ihrer Kindheit, der berühmte dicke Junge oder das dicke Mädchen, welches Sie auf der Wippe oben verhungern ließ, bis Sie todesmutig hinuntersprangen, zu Ihrer Mama rannten und sich ausheulten. Im Schauspiel funktioniert das so nicht, vor allem nicht in der Improvisation. Hier muss die Wippe ständig am Laufen gehalten werden – ich unten, du oben, du unten, ich oben etc. – sonst ist das Spiel vorbei.

Da jeder Mensch eine natürliche Präferenz für einen Status hat, helfen technische Übungen Statusänderungen zu erleben. Die Art sich zu bewegen oder bestimmte Körperpositionen einzunehmen, helfen den Status zu verändern:

„Ein Schüler z.B. versucht, sich sehr geschmeidig zu bewegen (Hochstatus), während sein Partner sich ruckartig bewegt (Tiefstatus). Einer hält sich ständig die Hände vors Gesicht, während er spricht, der andere versucht, seine Hände vom Gesicht fernzuhalten. Einer versucht, die Füße nach innen zu drehen (Tiefstatus), während der andere sich zurücklehnt und breitmacht (Hochstatus)."
(Johnstone 2004: S. 71)

Diese Veränderungen körperlicher Art, wirken auch im Ganzen:

„Wenn ich mit nach innen gewendeten Füßen spreche, ist es eher wahrscheinlich, daß ich jeden Satz mit einem zögerlichen kurzen äh beginne, beim Lächeln die oberen Zähne auf der Unterlippe habe, ein bißchen atemlos wirke und so weiter. Es ist erstaunlich, daß scheinbar unzusammenhängende Dinge einen so starken Einfluß aufeinander haben; es scheint unsInnIg, daß dIe Fußstellung eInen EInfluß haben sollte auf den Satzbau und den Blickkontakt; doch so ist es."
(Johnstone 2004: S. 71-72)

Nach diesen Vorübungen unterbreitet Keith Johnstone vier verschiedene Szenen:

1. Beide SchauspielerInnnen senken den Status
2. Beide heben ihren Status
3. Eine(r) hebt den Status, der/die andere senkt ihn.
4. Der Status wird während der Szene umgekehrt.
    (vgl. Johnstone 2004: S. 72)

Die Statuswechsel können ruckartig erfolgen, um aber die Spannung aufrecht zu halten, ist es ratsam – und gleichsam schwierig – die Statusumkehrung Schritt für Schritt vorzunehmen.

Im Folgenden will ich zwei Übungsszenen beschreiben, die nach dem Prinzip 4 verlaufen:

A.) Zwei ehemalige SchulkollegInnen treffen sich durch Zufall auf der Straße. Eine(r) hat einen Hochstatus, der/die Andere einen Tiefstatus. Beispielsweise dadurch, dass der eine Protagonist früher immer gute Noten hatte, der andere Protagonist immer der "Loser" war. Im Laufe des Smalltalks soll nun von beiden SpielerInnen der Status umgekehrt werden. Das soll in der Improvisation geschehen und schrittweise, sodass die Spannung für das Publikum aufrecht erhalten bleibt. Am Schluss gehen beide mit umgekehrtem Status auseinander.

B.) Zwei FreundInnen sind verabredet, Eine(r) kommt zu spät und erhält dadurch den Tiefstatus, der/die Wartende ist sauer und erhält den Hochstatus. Es soll sich nun aus der Improvisation eine Szene entwickeln, in der beide Schritt für Schritt ihren Status wechseln, sodass die Szene mit umgekehrtem Status endet.

Diese vorgeschlagenen Übungen können nur dann funktionieren, wenn zum einen das Improvisationsspiel der SpielerInnen gut funktioniert, zum anderen müssen die SpielerInnen in den Statusvorspielen geübt sein. Für eine freie Improvisation ist es entscheidend eine existentielle Regel zu beherzigen: Wenn ein(e) Spielpartner(in) etwas anbietet oder festlegt, muss der/die andere Partner(in) es annehmen. Beispielsweise, stellt bei einem Statusspiel ein(e) Partner(in) spontan fest, dass sich das Gegenüber doch als kleiner Junge immer in die Hose gemacht hat. Jetzt muss der Spieler darauf eingehen, darf sich beispielsweise ertappt fühlen, er muss irgendeine Reaktion darauf zeigen. Oder ein(e) Spieler(in) definiert Teile des Real-Raums, z.B. als imaginären Wohnraum, dann kann der Wohnraum nicht plötzlich der Garten sein, das wäre unlogisch und allenfalls nur in der Zauberwelt möglich. Die SpielerInnen müssen im Improspiel einander gut zuhören und den Vorschlag des Partners/der Partnerin immer annehmen, sonst ist das Spiel entweder schlichtweg vorbei oder gerät völlig außer Kontrolle, wird unfreiwillig konfus und unlogisch. Wenn so vorgegangen wird, dann reicht es tatsächlich sich nur seines Status bewusst zu sein und die Improvisation wird ein voller Erfolg.

4.2 Raumspannung, Orientierung im Raum und Status

Ein sehr wichtiges – oft unterschätztes Thema – ist der Raum und im Besonderen die Beziehung von Status und Raum. Nach Johnstone muss die Bewegung des Protagonisten in Bezug zum Raum und in Bezug zu den anderen SpielerInnen stehen, damit sich der/die Zuschauer(in) mit dem Stück eins fühlen kann. (vgl. Johnstone 2004: S.96)

Der Raum umgibt uns wie ein Magnetfeld und irgendwie scheint es so zu sein, dass wenn sich SchauspielerInnen körperlich „falsch" zueinander ausrichten – falsch im Sinne von Bezug zueinander – das dann eine Szene nicht funktioniert. Ein Beispiel: Eine Streitszene zwischen zwei Liebhabern, die um die Gunst einer Dame buhlen und sich zum Duell vorbereiten. Hier muss genau darauf geachtet werden, wie sie im Raum zueinander stehen. Es muss darauf geachtet werden, wie evtl. andere Protagonisten im Raum zu den Streitenden stehen. Wenn sich keine Spannung ergibt, so liegt das aus meiner Sicht sehr oft daran, dass sich die Beteiligten falsch bzw. ungünstig zueinander angeordnet haben. Sie stören sich oder heben den Energiefluss auf. Sie stehen zu weit oder zu nah oder in falschen Winkeln zueinander. Andere MitspielerInnen stehen möglicherweise störend im "Energiefeld" der Streitenden. Manche SpielleiterInnen oder Lehrkörper achten oft nur auf die inszenierungsästhetischen Aspekte, also z.B. ob

SchauspielerInnen Publikumsoffen stehen etc. Sie achten zu wenig auf die Raumorientierung und Bewegung der Protagonisten in einer szenischen Situation.

Um das zu verdeutlichen: Versuchen Sie mal einer KollegIn etwas Ermahnendes zu sagen, indem Sie im rechten Winkel zu ihm/ihr oder genau 180 Grad ihm/ihr gegenüber stehen. Funktioniert das? Versuchen Sie nun einen Zwischenwinkel zu bilden, ca. 45 Grad. Sie stehen jetzt in Spannung zu ihrem Gegenüber. Genauso versuchen Sie es mit Objekten und Raumachsen. Stehen Sie immer in Spannung zu diesen Objekten und Achsen. Natürlich ist Schauspielkunst keine Mathematik, aber aus Erfahrung ist zu sagen, dass Sie, allgemein gesagt, offensichtlich in einem Winkel von ca. 30 bis 45 Grad zu einem Objekt oder einer Person, eine bessere Spannung aufbauen können. Oder zumindest wirkt es auf das Publikum spannender, hält es "in Atem". Veranschaulicht: Teilen Sie den Bühnenraum in zwei Achsen, die sich im rechten Winkel schneiden. Achten Sie darauf, dass sich zwei Protagonisten oder ein Protagonist und ein Objekt nie exakt auf den Raumachsen, also im rechten Winkel oder 180 Grad zueinander begegnen, sondern immer so ein bisschen dazwischen. Als nur grobe Orientierung deshalb hier, die von mir erwähnten 30 bis 45 Grad. Wenn Sie eine Szene mit vielen SchauspielerInnen und Objekten durchführen, so ist darauf zu achten, dass der Energiefluss nicht durch ungünstige Raumzuordnungen gestört ist. Durch Experiment können hier einfach Veränderungen vorgenommen werden. Diese Ratschläge fußen auf Erfahrung, also befinden sich auf einer rein phänomenologischen Ebene. Warum dem so ist, ist rein spekulativ. Aber es kann, zumindest aus der Betrachtungssicht des Publikums, so sein, dass die Positionierungen und Handlungsbeziehungen der Figuren auf den Raumachsen, zu "flach", für die dreidimensional räumliche Sichtweise des Betrachters, ist – und damit spannungslos wirkt. Letztendlich ist es aber auch relativ unwichtig, warum dem so ist, wichtig ist, dass man es beobachten kann.

Ebenso kann es "Wunder" wirken, neben den Raumpositionen, auch die Bewegung im Raum und zueinander – wie auch die Geschwindigkeit der Bewegung – auszutesten. Das heißt konkret, in welcher Situation bewegen Sie sich zu was und zu wem, wie schnell, wie weit oder engräumig und in welcher Art. Mit Art meine ich, gehen Sie in einem Bogen um den Tisch, an ihrem Partner vorbei, laufen Sie Ecken, schlingern Sie auf der Bühne? Ruckartige, eckige Bewegungen beispielsweise können Komik erzeugen. Ebenso, wie geben Sie jemanden die Hand, wie ist ihre Körperposition und Haltung in Bezug auf ihr Gegenüber? All diese Details sind von sehr entscheidender Wichtigkeit. Beobachten Sie dazu mal bewusst Menschen und deren Körperhaltungen und Positionen in Alltagssituationen, z.B. in einem Zug. Beobachten Sie was passiert, wenn Sie hinzukommen, weggehen, oder bewusst ihre Position verändern, was macht Ihr Gegenüber? Und hier sind wir wieder bei dem Status angelangt und seinem Bezug zum Raum:

„Man stelle sich einen Mann vor, der aufrecht und mit beiden Beinen auf dem Boden auf einer Bank sitzt. Legt er das linke Bein über das rechte, fließt sein Raum nach rechts, als wäre sein Bein eine Flugzeugtragfläche. Legt er den rechten Arm auf die Banklehne, vergrößert sich sein gesamter Raum. Dreht er den Kopf nach rechts, strömt praktisch sein ganzer Raum auf diese Seite. Wenn ein Mensch aufrecht dasitzt und beide Beine auf dem Boden hat, scheint er einen tieferen Status zu haben. Jede Bewegung des Körpers verändert den Raum, der ihn umgibt. Wenn der Mann das linke Handgelenk über das rechte legt, fließt der Raum nach rechts und umgekehrt." (Johnstone 2004: S. 99)

Probieren Sie es einfach mit einer KollegIn aus, sitzen Sie allein und der/die Andere beobachtet Sie. Wie nimmt der/die Beobachter(in) Sie wahr? Dann, sitzen Sie zu zweit, nebeneinander, gegenüber, versetzt, nehmen Sie unterschiedliche Positionen ein – und schon beginnt Ihr Statusspiel, Sie können nun daraus eine herrliche Improvisation starten. Oder positionieren Sie sich zu zweit im Raum, gehen aufeinander zu, voneinander weg, immer mit unterschiedlichsten Körperhaltungen und Gesten – bewegen Sie sich dazu noch mit unterschiedlicher Geschwindigkeit, dann können Sie ein dynamisches Spiel erhalten.

Das heißt, wenn wir Positionen, Bewegungen, Entfernungen im Raum zueinander variieren und noch dazu die Geschwindigkeit variieren, erhalten wir ein dynamisches Spiel.

Beispiele dazu: Ein Protagonist A bleibt mit verschränkten Armen stehen, B läuft mit offenen Armen auf ihn zu, einmal langsam und einmal schnell. Jedes Mal macht dies ein Unterschied. Jedes Mal muss A auf B reagieren, oder er bleibt stehen, wie ein Fels in der Brandung, dann muss aber B seine Bewegung, Geste oder Geschwindigkeit irgendwie ändern. Oder beide laufen mit offenen Armen aufeinander zu, einmal langsam, einmal schnell. Dies und vieles mehr kann man ausprobieren. Um in die Improvisation zu kommen, braucht man nicht einmal zwingend Sprache, das geht auch durchaus ohne und sollte am Anfang auch ohne Sprache geschehen.

Wenn Sie durch einen Raum, beispielsweise durch eine Halle gehen, dann beobachten Sie sich selbst, wie Sie gehen, wie Sie sich bewegen. Bekommen Sie Raum, weichen die anderen Ihnen aus? Oder ist es umgekehrt, weichen Sie aus, kommen ins Stocken, Ihnen wird Raum genommen, fühlen Sie sich beengt?

Keith Johnstone sagt dazu Folgendes:

„Wenn man von oben auf eine geschäftige Menschenmenge schaut, scheint es erstaunlich, daß nicht dauernd alle zusammenstoßen. Ich glaube, das passiert darum nicht, weil jeder von uns Statussignale aussendet und weil wir die ganze Zeit unbewußt Status-Herausforderungen austauschen. Der Unterlegene weicht aus."
(Johnstone 2004: S. 103)

Mit diesen Worten wollen wir dieses Kapitel schließen und uns ganz anderen Konzepten, Methoden und Spielweisen zuwenden.

5 Jerzy Grotowski

Grotowski ließ sich von einer ganzen Reihe theatralischer Systeme und Trainingstechniken inspirieren:

„Äußerst wichtig für meine Zwecke sind: Dullins Rhythmus-übungen, Delsartes Untersuchungen extrovertierter und introvertierter Reaktionen, Stanislawskis Arbeit über "physische Handlungen", Meyerholds biomechanisches Training, Wachtangows Synthese. Die Trainingstechniken des orientalischen Theaters finde ich ebenfalls ausgesprochen stimulierend – speziell die der Peking-Oper, des indischen Kathakali – und des japanischen Noh-Theaters."
(Grotowski 2006: S. 14)

Dennoch ist seine Methode keine Ansammlung von verschiedenen Techniken, sondern sein Konzept ist – insofern man überhaupt von einem Konzept sprechen sollte – eigenständig und sticht aus der "Landschaft der Schauspielerei" heraus.

Der in Polen geborene Grotowski gründete 1959 sein Theaterlaboratorium in Opole. Dieses Institut war weniger ein Theater, als eine Forschungsstätte, zur Erforschung der Schauspielkunst. Forschung ist hier nicht universitär zu verstehen, sondern:

„Das Wort Forschung meint, daß wir unseren Beruf eher angehen wie der mittelalterliche Holzschnitzer, der versuchte, in seinem Holzklotz eine Form wiederzuerschaffen, die bereits existierte. Wir arbeiten nicht wie Künstler oder Wissenschaftler, sondern eher wie der Schuster, der auf dem Schuh nach der richtigen Stelle sucht, wo er den Nagel einschlagen soll."
(Grotowski 2006: S. 27)

Ich werde Grotowskis "Lehre" zunächst aus seiner Sicht eines "Armen Theaters" erläutern und dann ethnologische und theaterwissenschaftliche Theorien heranziehen, die letztendlich das "Theater-Konzept" Grotowskis besser verstehen helfen.

5.1 Armes Theater

Wenn wir uns zunächst den Begriff "Armes Theater" betrachten, so will uns womöglich einfallen, dass es auch ein "Reiches Theater" geben muss. Grotowski sieht das so:

„Das Reiche Theater lebt von künstlerischer Kleptomanie, indem es aus anderen Disziplinen Substanz absaugt, größenwahnsinnige Schaustücke, Konglomerate ohne Integrität, ohne Rückgrat auftürmt und diese dann als organisches Kunstwerk hinstellt."
(Grotowski 2006: S. 18)

Grotowski erklärt auch, warum das Reiche Theater so verfährt:

„Seit Film und Fernsehen auf dem Gebiet technischer Möglichkeiten glänzen (Montage, augenblickliche Ortswechsel usw.), kontert das Reiche Theater mit dem himmelschreiend kompensatorischen Ruf nach dem totalen Theater."
(Grotowski 2006: S. 18)

Jerzy Grotowski hat in seinem "Theaterlabor" entdeckt, dass Theater nur eins braucht, ohne die es jedoch nicht existieren kann – die *Schauspieler-Zuschauer-Beziehung*. Alles andere ist entbehrlich. Theater kann auf bildnerische Elemente, Kostüme und all die Dinge mit Eigenleben bzw. Eigenbedeutung verzichten. Das heißt, alles was nicht unmittelbar mit der Rolle und der Aktion des Schauspielers/der Schauspielerin verbunden ist, was davon unabhängig ist und dadurch eher störend auf die Darstellung der Schauspielerperson einwirkt, gehörte für Grotowski möglichst eliminiert. Der/Die Schauspieler(in) soll sich nicht hinter einer Maske verstecken und tricksen, sondern sich vielmehr – für das Publikum sichtbar – von Rolle zu Rolle verwandeln. Jerzy Grotowski forderte eine arme Spielweise, in der lediglich der Körper zum Einsatz kommt:

„Durch seine kontrollierte Gestik verwandelt der Schauspieler den Boden in ein Meer, einen Tisch in einen Beichtstuhl, ein Stück Eisen in einen belebten Partner usw."
(Grotowski 2006: S. 21)

Die Aufhebung der starren Bühne-Zuschauerraumanordnung war Grotowski besonders wichtig. Für jede Art von Aufführung wurde die ihr zugrunde liegende Schauspieler-Zuschauer-Beziehung gefunden. Deshalb musste auch für jede Produktion erneut ein Raum, eine Anordnung für die SchauspielerInnen und ZuschauerInnen gefunden werden:

„Die Schauspieler können inmitten der Zuschauer spielen, mit dem Publikum unmittelbaren Kontakt aufnehmen und ihm eine passive Rolle im Stück geben (wie zum Beispiel in unseren Produktionen von Byrons KAIN und Kalidasas SHAKUNTALA). Oder die Schauspieler können unter den Zuschauern Strukturen aufbauen und sie so in die Handlungsarchitektur mit einbeziehen, wobei sie einem Gefühl von Bedrängnis, Überfülltheit und Begrenzung des Raums ausgesetzt werden (Wyspianskis AKROPOLIS). Oder die Schauspieler können mitten unter den Zuschauern spielen und sie ignorieren, durch sie hindurchsehen. Die Zuschauer können von den Schauspielern getrennt werden – zum Beispiel durch einen hohen Zaun, über den ihre Köpfe ragen (DER STANDHAFTE PRINZ nach Calderon); von dieser radikal abgeschrägten Perspektive aus blicken sie hinunter auf die Schauspieler, als ob sie Tiere in einer Manege beobachteten oder wie Medizinstudenten, die bei einer Operation zusehen (dieses abgetrennte, abwärts gerichtete Schauen gibt der Handlung einen Sinn moralischer Grenzüberschreitung). Oder der ganze Saal wird als ein konkreter Ort genutzt: Fausts "letztes Abendmahl" im Refektorium eines Klosters, wo er die Zuschauer wie Gäste

eines barocken Banketts bewirtet, das an riesigen Tischen serviert wird, während Faust Episoden aus seinem Leben erzählt."
(Grotowski 2006: S. 19)

Grotowski wandte sich gegen eine deduktive Vorgehensweise in der Schauspielausbildung. Deduktiv meint in diesem Zusammenhang, das Individuum bediene sich von allgemeinen Techniken und Fertigkeiten, man gibt ihm sozusagen ein "Handwerksköfferchen" in die Hand, mit dem es in einer Als ob-Situation seine Rolle verkörpern kann. So gesehen wäre Stanislawskis "System" deduktiv, gleichwohl sich aber Stanislawskis Lehre nicht als allumfassende Methode verstehen lässt, welche jede individuelle Arbeit mit einem "Patentrezept" erschlägt. Aber Grotowskis Ansatz ist völlig anders und induktiv. Er forderte die Selbsthingabe des Schauspielers/der Schauspielerin, eine unmittelbare Verkopplung von innerem Impuls und äußerer Reaktion. Das heißt aber auch, dass körperliche Widerstände gegen psychische Vorgänge aufzuheben sind. Daraus folgte für Grotowski die Entwicklung spezieller Übungen, vor allem ein Training des Körpers und der Stimme. Es geht letztendlich um Grenzüberschreitungen:

„Der Körper verschwindet, verbrennt, und der Zuschauer sieht nur eine Reihe sichtbarer Impulse. Unser Weg ist mithin eine *via negativa* – keine Ansammlung von Fertigkeiten, sondern die Zerstörung von Blockierungen."
(Grotowski 2006: S. 15)

Um Grotowski besser verstehen zu können, wollen wir uns in folgenden Kapiteln verschiedener wissenschaftlicher Disziplinen bedienen. Kommen Sie mit mir auf eine kleine, spannende Reise durch die Wissenschaft und durch das Theater der Grenzüberschreitungen.

5.2   Das Drei Phasen Modell

Um die Grenzüberschreitungen im Theater – und hier besonders im Theater Grotowskis – beschreiben zu können, bedient sich die Theaterwissenschaft der Theorien der Ethnologen **Arnold van Gennep** und **Victor Turner.** Der französische Wissenschaftler van Gennep sieht die Gesellschaft in einer statischen Ordnung. Ähnlich wie in einem Wohnhaus, in denen es verschiedene Räume gibt, die klare Grenzen aufweisen und durch Flure verbunden sind, wird die Gesellschaft durch soziale Gruppierung strukturiert – Alters-, Berufs-, Status-, Religionsgruppen etc. Dieser Ordnung steht das Individuum gegenüber. Sein Leben ist dynamisch. Es verlangt nach zahlreichen räumlichen, zeitlichen und sozialen Veränderungen. Überlegen Sie selbst: Wie oft fanden und finden solche Wechsel zwischen den Gruppen in Ihrem Leben statt? Gehörten Sie gestern noch zu den Studenten, treten Sie nun in die Gruppe der Akademiker ein. Waren Sie gestern noch ein Single, küssen Sie heute die flotte Susi oder den schönen Hans, so sind Sie morgen womöglich verheiratet und übermorgen geschieden. Wohnten Sie gestern in Kleinkleckershausen im Dachgeschoß, so wohnen Sie heute in München-Schwabing in einer Penthousewohnung – oder umgekehrt – usw. In den industrialisierten Gesellschaften ist die soziale Ordnung nicht so statisch bzw. die Grenzen zwischen den Gruppierungen verschwimmen – zumindest teilweise. In anderen Gesellschaften und in vergangenen Gesellschaften ist bzw. war die Ordnung statischer, die Grenzen klarer und straffer. Nach van Gennep ist durch jede Transformation die gesellschaftliche Ordnung gefährdet. Deshalb müssen die Veränderungsprozesse gesteuert werden und so begleiten spezielle Handlungen diese Raum-, Zustands-, und Zeitwechsel. Diese Handlungen benannte Gennep als "Übergangsriten" – sein Buch "Les rites de passage" erschien 1909.

Ziel eines Übergangsritus ist es:

„das Individuum aus einer genau definierten Situation in eine andere, ebenso genau definierte hinüberzuführen." (van Gennep 1986: S. 15)

Van Gennep beschrieb den Prozess in dem bekannten Drei-Phasen Modell:

1.) Trennungsphase:

Der/Die Transformierende löst sich von seinem/ihrem früheren Ort/Zustand

2.) Schwellenphase:

Der/Die Transformierende befindet sich in einem Zwischenzustand, also zwischen den Welten.

3.) Angliederungsphase:

Integration in den neuen Zustand/Ort

Der schottische Ethnologe Victor Turner stützte sich auf die Theorie van Genneps und beschrieb den Zustand in der Schwellenphase als **Liminalität.** Dieser Begriff deutet auf eine Phase hin, in der sich die Individuen in einem mehrdeutigen Zustand befinden. Sie entziehen sich jeglicher sozialer Klassifikation. Sie weisen weder Eigenschaften des vorherigen Zustandes auf, noch des Zukünftigen. Diese Unbestimmtheit, dieses "Schweben" in einem Zwischenraum, ermöglicht kreatives Potential und schafft kulturelle Freiräume.

„Merkmale der Schwellenwesen sind Besitzlosigkeit, da sie über keine Verweise auf einen Rang, eine Rolle oder eine Position im Verwandtschaftssystem durch weltliche Kleidung, Eigentum und Isignien verfügen, sowie Anonymität, Geschlechtslosigkeit, sexuelle Enthaltsamkeit, demütiges und

passives Verhalten – um hier nur einige Beispiele zu nennen."
(Dahlweid 2004: S. 3)

Zunächst soll dies alles genügen, um uns später diesem
theoretischen Rüstzeug zu bedienen. Im nächsten Kapitel geht
es um Grenzüberschreitungen im Theater.

5.3 Grenzüberschreitungen im Theater

Begeben wir uns zunächst in das Jahr 1903: Am 30. Oktober
besagten Jahres, hatte Max Reinhardts Inszenierung der
Elektra – in der Bearbeitung von Hugo von Hofmannsthal –
Premiere. Diese Premiere sollte in die Theatergeschichte
eingehen. Denn die Darstellung der Elektra, durch die
Schauspielerin Gertrud Eysoldt, hinterließ eine besondere
Wirkung auf die Kritiker und ZuschauerInnen. Das Publikum
soll am Schluss einen Moment wie betäubt da gesessen sein.
Es war völlig ergriffen, über das "normale" Maß hinaus.
Kritiker fanden kaum Worte, anschaulich zu schildern, was sie
wahrnahmen. Offensichtlich kam es aber zu Grenzüberschrei-
tungen, die es wohl so zuvor noch nicht gegeben hatte.
Kritiker werteten diese Grenzüberschreitungen sehr unter-
schiedlich. Die Einen verurteilten die Grenzüberschreitung der
Eysoldt als "pathologisch", die anderen waren davon
begeistert. (siehe Fischer-Lichte 2012: S. 9ff).

Die Theaterwissenschaftlerin Erika Fischer-Lichte hat sich
dieser offensichtlich neuen Art der Schauspielkunst wissen-
schaftlich angenommen und beschreibt die Grenzüberschreitung, die sie auf zwei Bereiche bezieht:

„Sie betrafen anscheinend vor allem zwei Momente: erstens
die Körperverwendung der Schauspielerin, ihren Umgang mit
dem eigenen Leib sowie zweitens das Verhältnis zwischen
Bühne und Publikum, zwischen Schauspielerin und Zuschau-

ern."
(Fischer-Lichte 2012: S. 10)

Gertrud Eysoldt überschritt eine Grenze, die für die Schauspielkunst im 18. Jahrhundert gezogen worden war und seitdem nicht mehr angetastet wurde.

Um welche Grenze handelt es sich?

Wir haben im Stanislawski Kapitel festgestellt, dass der/die Schauspieler(in) zwar wahrhaftig spielen sollte, seine/ihre Rolle verkörpern, sich damit verbinden soll, aber unter Als ob-Bedingungen. Der Körper der Schauspielerperson verweist auf die dramatische Figur. Wir erschaffen demnach eine Illusion – unter Als ob Bedingungen – in der der Rollenkörper beispielsweise Gewalt erleidet, ohne aber unserem eigenen Körper tatsächlich Gewalt anzutun. In diesem Sinne unterscheidet die Theaterwissenschaft zwischen dem semiotischen Körper, der den Ausdruck des Leidens hervor bringt, und dem phänomenalen Leib, dem Körper der Schauspielerperson, der nicht tatsächlich leidet. Es gibt also eine Grenze, die zwischen semiotischem Körper und phänomenalem Leib verläuft, die es nicht zu überschreiten galt. Genau diese Grenze aber wurde von Gertrud Eysoldt offensichtlich überschritten:

„Die Bewegungen, die sie ausführte, drückten nicht lediglich aus, dass ihre Rollenfigur unter einer unaussprechlichen Gewalt leidet. Indem sie sie ausführte, vollzog sie vielmehr zugleich einen Akt der Gewalt gegen ihren eigenen Leib. Die Grenze zwischen dem semiotischen Körper der Schauspielerin und ihrem phänomenalen Leib ließ sich nicht mehr klar ziehen. Eysoldts Körperverwendung glitt oszillierend zwischen beiden hin und her, so dass sich der eine nicht vom anderen abgrenzen und unterscheiden ließ."
(Fischer-Lichte 2012: S. 12)

Fischer Lichte stützt ihre Beschreibung der Eysoldtschen Grenzüberschreitung auf das Modell van Genneps und erläutert das Moment der Grenzüberschreitung von ZuschauerInnen und Schauspielerin:

„Indem Gertrud Eysoldt die Grenze überschritt, die seit dem ausgehenden 18. Jahrhundert zwischen dem semiotischen Körper des Schauspielers und seinem phänomenalen Leib gezogen war, indem sie ihrem eigenen Körper Gewalt antat, verlieh sie der Aufführung den Status einer Art Schwellen- oder Transformationsphase, in der sie nicht nur spielte, sich in einem Zustand zwischen allen möglichen Bereichen zu befinden, sondern sich tatsächlich in diesen Schwellenzustand versetzte, sich transformierte. Das "Selbstopfer", welches die Schauspielerin darbrachte und mit dem sie zugleich die Rampe überwand, also die Grenze zwischen sich und den Zuschauern aufhob, ermöglichte im Gegenzug den Zuschauern, nun ihrerseits diese Grenze zu überschreiten und in eine Schwellen- und Transformationsphase einzutreten. Die starke Einwirkung auf ihre Sinne und Nerven veränderte ihren physischen Zustand und bewirkte in diesem Sinne zumindest für die Zeit der Aufführung ihre körperliche Transformation."

(Fischer-Lichte 2012: S. 17)

Das Illusionstheater kannte die Trennung von Publikum und SchauspielerInnen durch die imaginäre vierte Wand. Die ZuschauerInnen wurden durch Einfühlung mit der Illusion auf der Bühne verbunden. Unter Einhaltung der Grenze zwischen semiotischem Körper und phänomenalem Leib funktionierte diese Illusion. Nun aber, durch das Überschreiten dieser Grenze, wurde die Illusion zerstört – das Theater wurde als Wirklichkeit wahrgenommen. Die vierte Wand als Grenze zwischen der Schauspielerin Eysoldt und den ZuschauerInnen wurde aufgehoben und die Grenzüberschreitung konnte nun beiderseitig vollzogen werden. Man stelle sich eine solche

Aufführung nur mal vor, vielleicht haben Sie aber auch ähnliches schon erlebt. Natürlich ist die neurophysiologische Aktivität der ZuschauerInnen anders – das Publikum macht sich ja förmlich Sorgen um die Schauspielerperson. Solche Grenzüberschreitungen sind schwierig und wurden bzw. werden auch von manchem/mancher Kritiker(in) mit einem gewissen Unbehagen beäugt.

5.4 Der Heilige Schauspieler – Grenzüber-schreitungen im Theater Grotowski

Grotowski vergleicht konventionelle SchauspielerInnen mit Prostituierten, als eben jene, die sich und ihren Körper zur Schau stellen, sich hingeben, um die Gunst des Publikums zu erlangen. (vgl. Grotowski 2006: S. 34)

Dagegen setzte Grotowski seinen "Heiligen" Schauspieler, als denjenigen, der seine "Alltagsmaske" herunterreißt, sich durch "Exzess" und "unerhörte Entweihung" offenbart – derjenige, der seinen Körper "annulliert", ihn von allen Widerständen gegen alle psychischen Impulse befreit – ihn "opfert". (vgl. Grotowski 2006: S. 35)

Unter Heiligkeit verstand Grotowski kein religiöses Bekenntnis, sondern es ging ihm mehr um die Auflösung der Widerstände und letztendlich völlige Hingabe, ohne aktive egoistische Ansprüche der Schauspielerperson. Der/Die Schauspieler(in) soll passive Bereitschaft aufbringen, um auf psychische Impulse reagieren zu können. Die Rolle ist – nach Grotowski – nicht dafür da, das eigene Ego nur in anderen Situationen darzustellen, genauso wenig soll der/die Schauspieler(in) die Rolle einfach nur "leben". Er/Sie soll die Rolle wie das "Skalpell eines Chirurgen" benutzen, um sich selbst "zu zerlegen". Es geht also hier um psychische Durchdringung. (vgl. Grotowski 2006: S. 38)

Der/Die Schauspieler(in) muss dabei aber über einen formbaren, hoch entwickelten Atem- und Stimmapparat verfügen:

„Darüber hinaus muß dieser Apparat Lautreflexe so schnell hervorbringen können, daß das Denken – das jegliche Spontaneität verhindern würde – keine Zeit hat, sich dazwischenzuschalten."
(Grotowski 2006: S. 36-37)

Widerstände müssen also beseitigt werden, um sich in eine "geistige Empfänglichkeit" zu begeben, das heißt "nicht etwas tun", sondern "unterlassen, etwas zu tun". Der/Die Schauspieler(in) soll in einem Trancezustand spielen: (vgl. Grotowski 2006: S. 39)

„Ich verstehe unter Trance die Fähigkeit, sich auf eine bestimmte theatralische Weise konzentrieren zu können."
(Grotowski 2006: S. 39)

Die Handlungen, die der/die Schauspieler(in) vollbringt, verweisen nicht nur auf die Rollenfigur. Es geht also nicht bloß um Darstellung. Sondern die Handlungen betreffen im Akt der Selbstoffenbarung vielmehr den Körper und die Psyche der Schauspielerperson selbst. Es findet eine Grenzüberschreitung, eine für den/die Schauspieler(in) schmerzliche Selbstdurchdringung statt:

„Die Vergewaltigung des lebenden Organismus, die Bloßstellung, die bis zu unerhörtem Exzeß getrieben wird, bringt uns zurück zu einer konkreten mythischen Situation, zu einer Erfahrung von allgemeiner menschlicher Wahrheit."
(Grotowski 2006: S. 24)

Es kommt also ganz offensichtlich auch in Grotowskis Theater zu einer Überschreitung der Grenze zwischen phänomenalem Leib und semiotischem Körper. Folgerichtig kann auch hier das

Drei Phasen Modell van Genneps angewandt werden. Meine folgenden Erläuterungen beruhen auf der Arbeit, „Rituelle Dimensionen des Theaters. Analyse des Armen Theaters von Jerzy Grotowski", von Janine Dahlweid.

Wie oben schon festgestellt, fordert Grotowski vom Protagonisten sich zunächst seiner "Alltagsmaske" zu entledigen. Im Alltag agiert der/die Schauspieler(in) in verschiedenen Rollen, in denen er/sie versucht sich den sozialen Anforderungen anzupassen. Der Körper dient als Schutz, hinter der sich das wahre Innere verbirgt. Mit Beginn der Aufführung muss sich die Schauspielerperson von dieser "Maske" trennen. (Trennungsphase)

Nun tritt der/die Schauspieler(in) in die Transformationsphase ein. Der Übergang ist fließend. Erinnern Sie sich bitte an Kapitel 5.2. Dort haben wir durch Victor Turner den Zustand der "Schwellenwesen" (Liminalität) beschrieben. Die Schwellenwesen besitzen keine eindeutige soziale Identität mehr, sie befinden sich in einem mehrdeutigen Zustand und weisen demütiges, passives Verhalten auf. Der Protagonist wird von seinen Rollen, seiner sozialen Identität vollkommen befreit, indem er sich nach und nach von seinem Körper löst: Der Körper soll aufhören zu existieren, er soll verschwinden, verbrennen. (Kap. 5.1) Es kommt also nicht zur bewussten, aktiven Nachahmung von Bewegungen, sondern zur Veräußerung psychischer Impulse. Dahlweid bezeichnet das als Entgrenzung des Körpers, wobei der/die Schauspieler(in) im Höhepunkt der Transformationsphase nur noch geistig ist (vgl. Dahlweid 2004: S. 12). Josef Kelera beschreibt, in seiner Theaterkritik über die Inszenierung „Der standhafte Prinz", die Transformation des Schauspielers als psychische Erleuchtung. (vgl. Dahlweid 2004: S. 12)

Die dritte Phase ist die Angliederungsphase (Inkorporationsphase):

„In die Inkorporationsphase tritt er erst, wenn die Wirkung der Erleichterung, der Reinigung, Katharsis erfolgt ist und er einen Zustand größerer innerer Harmonie und geistigen Friedens erreicht hat, also wenn er aus der Trance erwacht und die Aufführung möglicherweise beendet ist." (Dahlweid 2004: S. 13)

Nach Grotowski ist dieser Prozess aber nicht einmalig zu sehen, sondern man sollte sich eher einen stufenweisen Verlauf der Vorgänge vorstellen. Grotowski benutzte den Begriff der Wiedergeburt.

In diesem Sinne setzt Dahlweid die Trennungsgsphase mit Tod, die Inkorporationsphase mit erneuter Geburt, die Schwellenphase mit dem Schweben zwischen Tod und neuem Leben, gleich. (vgl. Dahlweid 2004: S. 13)

Wenden wir uns nun der Grenze zwischen SchauspielerInnen und Publikum zu. Wie in Kapitel 5.1 besprochen, forderte Grotowski die Aufhebung der starren Schauspieler Zuschauer-raumanordnung. Die Anordnung wurde je nach Inszenierung immer wieder neu festgelegt. Durch die Auflösung der räumlichen Dichotomie, ist die Trennung zwischen Bühne und Publikum schon gemildert. Die ZuschauerInnen sind zwar nicht zur Aktion aufgefordert, aber sie sind auf irgendeine Weise in die Inszenierung involviert. Grotowski wollte beim Publikum eine ähnliche Wirkung – wie bei den SchauspielerInnen – erzielen. Der/Die Schauspieler(in) opfert sich, das Publikum soll folgen.

Wie geschieht das, wie wird die Grenze zwischen Schauspiele-rInnen und Publikum letztendlich überschritten?

Wie in Kapitel 5.3 dargelegt, führt die Verletzung der Grenze, die zwischen semiotischem Körper und phänomenalem Leib verläuft, auch zu einer Grenzüberschreitung zwischen SchauspielerInnen und Publikum. Durch die gewaltsame

Einwirkung auf die Sinne der ZuschauerInnen, werden diese sozusagen mit "hinüber gezogen" und erleben ähnliche liminale Zustände wie die SchauspielerInnen. Nach der Auffassung Dahlweids, ist die Argumentation Fischer Lichtes identisch mit dem Wirkmechanismus in Grotowskis Theater. (vgl. Dahlweid 2004: S. 14)

Der/Die Zuschauer(in) durchlebt also auch die drei Phasen des van Gennep Modells – wahrscheinlich nur nicht ganz in der gleichen Intensität.

Die ZuschauerInnen trennen sich von ihrer Alltagswelt. (Trennungsphase)

Die ZuschauerInnen erleben durch erhöhte Reizung ihrer Sinne eine körperliche Transformation. (Schwellenphase - Turnerscher liminaler Zustand)

Die ZuschauerInnen treten nach der Katharsis in einen neuen Zustand – am Ende der Aufführung (Inkorporationsphase)

6   Meyerhold und Brecht – das desillusionierte Theater

Meyerhold und Brecht können wir als die Vertreter eines desillusionierten Theaters und einer desillusionierten Schauspielkunst ansehen. Das naturalistische Illusionstheater – mit seiner vierten Wand – machte das Publikum zu befangen, zu unkritisch, zu unpolitisch. Psychologisierte Figuren berührten die ZuschauerInnen und ließen sie durch Einfühlung an ihren Schicksalen teilhaben. Vom Vorgang des Spiels und der Verwandlung der SpielerInnen in die Rolle, bekam das Publikum nichts mit. Das Gefühl stand dem Intellekt entgegen, benebelte ihn sozusagen. So konnte die soziologische Dimension, in der jeder Mensch, jede Rolle, jede Geschichte letztendlich steht, nicht erfasst werden. Ein kritisches Hinterfragen der Verhältnisse war so nicht möglich. Um diese Illusion und Einfühlung zu durchbrechen, musste die Vierte Wand verbannt und über die Rampe gearbeitet werden. Eine direkte Wendung ans Publikum wurde so möglich. Das illusionistische Theater existiert heute zumindest nicht mehr normativ, während aber der kommerzielle Film und das Fernsehen immer noch mit perfekter Illusion arbeiten. Die vierte Wand ist hier materiell, es ist die Leinwand, der Bildschirm. Deshalb ist die Ausbildung von SchauspielerInnen im Stanislawski System auch heute noch ein wichtiger Teil der Basisausbildung. Für das Theater reicht das jedoch allein so nicht mehr aus. SchauspielerInnen müssen heute verschiedene Herangehensweisen und Darstellungsweisen beherrschen. Im Folgenden wollen wir uns mit den Desillusionisten Meyerhold und Brecht beschäftigen.

6.1 Wsewolod Emiljewitsch Meyerhold und seine Biomechanik

Meyerholds *Biomechanik* beruht auf dem genauen *Studium und der Erkenntnis der physiologischen Konstruktion des menschlichen Organismus*. Nach Erforschung des physischen Mechanismus, ist es das Ziel, diesen durch ein biomechanisches Training beherrschen zu lernen. Anders als in der Method eines Strasbergs, die grundsätzlich einen Ansatz von innen nach außen verfolgt, vertrat Meyerhold die Auffassung, dass sich der/die Schauspieler(in) von außen nach innen an die Rolle annähern sollte. Denn nach Meyerhold, ist jeder psychische Zustand von physiologischen Prozessen bestimmt. Der Protagonist sollte – durch ein strenges körperliches Training – über ein physisches Material verfügen, welches ihm als Vorrat für verschiedene Darstellungsmöglichkeiten dient. Meyerhold formulierte die Gleichung N = A1+A2, die den Dualismus der SchauspielerInnen beschreibt. N ist der/die Schauspieler(in), A1 ist der Konstrukteur einer Idee, der sie in Auftrag gibt, A2 ist der Körper der Schauspielerperson, die die Aufgaben von A1 ausführt. Also ist der/die Schauspieler(in) Künstler und Material in einem.

Ein wichtiger Begriff in dem Zusammenhang ist die *Taylorisierung des Theaters.* Frederick Winslow Taylor (1856-1915), ein US-Amerikanischer Ingenieur, entwickelte ein Rationalisierungskonzept. Dabei werden Arbeitsbewegungen in kleinste Einheiten segmentiert, sodass sich minimale, optimierte Arbeitsbewegungen entwickeln. Aus diesen Einheiten wiederum bildet sich ein geschlossener Bewegungskreislauf. Dieses Konzept für die Arbeits- und Betriebsorganisation, die Ökonomisierung der Arbeitsaufwendung, begeisterte vor allem und ausgerechnet den kommunistischen Lenin. Dieser hatte, nach der politischen Machtübernahme, die brachliegende Wirtschaft in Gang zu bringen. Aber nicht nur die materielle Produktion wurde vom Taylorismus erfasst, sondern auch das Theater. Natürlich gab es Diskurse darüber, ob die taylorischen Regeln für die Arbeitsbewegung auf das Theater übertragbar seien. Zwar hat die theatralische biomechanische Ökonomie der Gesten keinen direkten Bezug zu den taylorisierten Arbeitsbewegungen. Aber die Segmentierung der Bewegung ist ein wichtiges Prinzip in der Biomechanik. Das Spiel von SchauspielerInnen ist immer einer bestimmten Aufgabe unterstellt, die die Ökonomisierung und Effizienz der Ausdrucksmittel der Protagonisten erfordert. Hierbei kommt es – nach Meyerhold – vor allem auf die Genauigkeit der Bewegungen an.

Das Grundlagentraining der Biomechanik umfasst eine große Anzahl von Übungen, durch die Balance, Rhythmus und Geometriegefühl trainiert werden. Aufgrund der Durchführung dieser Übungen vorwärts, rückwärts, seitwärts und in Rotation, wird nicht nur ein hohes Körperbewusstsein gefördert, sondern auch das Bewusstsein für die Arbeit mit dem Raum bzw. Bühnenraum geschult. Theoretische Grundlagen zu **Raum**, **Rhythmus**, **Zeit**, **Dynamik**, **Expressivität**, **Kontrapunkt** und **Akzentsetzung** werden mit den Trainingsübungen verbunden. Verstand und Körper sollen zusammenarbeiten, die SchauspielerInnen sollen verstehen, welche Prozesse der Bewegung zugrunde liegen.

In der Biomechanik gilt es, Form und Inhalt miteinander zu verbinden. Jede auch noch so kleine Bewegung (=Geste), trägt eine Idee, einen Gedanken, und ein Komplex aus verschiedenen Bewegungen erzählt eine Geschichte. Dafür sind die Bewegungen aber genau zu studieren. Die SchauspielerInnen müssen sich und ihren Körper mit den physikalischen Gesetzmäßigkeiten, wie Gravitation, Schwerpunkt und Trägheitskraft vertraut machen und lernen diese zu nutzen. Das ist deshalb wichtig, weil so unnötige Kraftaufwände vermieden werden. So erreicht der/die Schauspieler(in) ökonomische Bewegungen, im Sinne des Meyerholdschen Taylorismus.

Meyerhold postulierte, dass *jede Bewegung aus drei Phasen* besteht, einer *Vorbereitung (Otkas)*, *einer Ausführung (Posyl)* und einer Beendigung bzw. einer *Fixierung (Stojka).* In der Vorbereitung kontrahieren sich die Muskeln, wir machen eine Gegenbewegung. Wir ballen die Faust, holen vor dem Schlag aus, wir gehen in die Knie, bevor wir uns erheben. Dann kommt die Ausführung, jetzt entlädt sich die gespannte Energie explosionsartig. Die Bewegung wird zu Ende geführt, ist aber nicht zu Ende, sondern wird zum Stand gebracht, im Raum fixiert, sodass daran das nächste Bewegungselement anschließen kann. Es entsteht ein Zyklus. Durch die Segmentierung komplexer Bewegungsabläufe in einzelne Bewegungen und der präzisen Ausführung (Otkas, Posyl, Stojka) dieser, gelingt – durch Aneinanderreihung der Sequenzen – ein organischer Bewegungsfluss.

Die *Etüden* bilden das Herzstück des Biomechanik-Ausbildungssystems. Sie sind in Bewegung umzusetzende Geschichten und stellen Übungen dar, die nicht aufgeführt werden. Die Etüden runden das Training ab, in ihnen finden sich alle Prinzipien der Biomechanik wieder. Danach beginnt die Rollenarbeit. Ursprünglich wurden 22 Etüden entwickelt, heute werden aber nicht mehr alle gelehrt.

Wie oben beschrieben, werden die Etüden in viele einzelne Bewegungsphasen segmentiert. Die einzelnen Phasen werden gemäß dem Schema Otkas, Posyl, Stojka einstudiert und dann zur Gesamtetüde zusammengesetzt. Zunächst wird die Form technisch eingeübt. Erst wenn die Form beherrscht wird, wird sie emotional gestaltet. Letztendlich ist es wichtig, dass die Etüde Form und Inhalt verbindet und damit eine Geschichte erzählt.

Auch wenn uns die Biomechanik zunächst an Sportunterricht erinnern lässt, ist sie ein, wenn auch exotisch anmutendes, Schauspielsystem. Es geht also auch hier, um die Vermittlung von Inhalten und Geschichten.

6.2 Bertolt Brecht

Brecht wandte sich klar gegen ein Theater der Illusion und Einfühlung. Er forderte den aktiven Zuschauer, der über die Gegebenheiten nachdenkt. Im Illusionstheater sah Brecht keine Zukunft, da es keine Reflexion und Analyse zuließ. Die ZuschauerInnen waren – durch die Einfühlung in die vorge-führten Schicksale – zu befangen. Sie empfanden die Gegebenheiten als unveränderbar und versanken mit ihnen im tiefen Jammertal der Emotionen. Brecht wollte aber eine Art der Darstellung auf der Bühne, die die Gegebenheiten und Verhältnisse als etwas Veränderbares präsentiert. Nicht passives Mitfühlen und bedauern der Verhältnisse wollte Brecht beim Publikum erreichen, sondern aktive Aufmerksam-keit, Reflexion und im Idealfall Veränderungsbereitschaft. Im Stanislawski-Theater der Einfühlung, welches sich zu Brechts Zeiten in Deutschland schon etabliert hatte, sah Brecht daher keine geeignete Form, für seine Vorstellung von Theater. Die Figuren waren homogene, individuelle Charaktere. Die SchauspielerInnen bildeten eine homogene Einheit mit der darzustellenden Figur. Die Gedanken und Gefühle der Schauspielerperson waren die der Figur. Nach außen hin durften keine eigenen Haltungen und Standpunkte der Schauspielerperson zur Rolle sichtbar werden. Alles was die Illusion durchbrechen konnte, war verpönt und die imaginäre vierte Wand schloss die Guckkastenbühne ab. Die wahrhaftige fiktive Wirklichkeit auf der Bühne – mit ihren Einzelschicksalen – rührte und ergriff die ZuschauerInnen. Ihnen fehlte die Distanz, um über das Geschehende zu reflektieren. Nach Brechts Auffassung mussten daher nicht nur neue Werke her, sondern auch eine andere Spielweise, die auf Desillusionierung setzt. Dazu war es vor allem nötig, die vierte Wand zu durchbrechen und über die Rampe hinweg zu arbeiten. Damit eben auch die Möglichkeit zu schaffen, dass sich die DarstellerInnen direkt – im Gegensatz zum Illusionstheater – an das Publikum wenden, um mit ihm in Interaktion treten zu können.

Genau so musste die Homogenität der Figuren aufgebrochen werden. Die SchauspielerInnen sollten sich nunmehr nicht bloß mit ihrer Rolle identifizieren. Vielmehr war von ihnen eine kritische Distanz zur Rolle gefordert. Der/Die Schauspieler(in) sollte eine eigene Haltung zu seiner/ihrer Rolle finden. Er/Sie sollte die Vorgänge, Verhalten der Rolle, situative und soziale Gegebenheiten nicht als etwas Selbstverständliches akzeptieren und einfach eins zu eins übernehmen, sondern hinterfragen. Statt Verschmelzung von Rolle und SchauspielerIn, sollte nun die Figur als Widerspruch von SchauspielerIn und Rolle, von Intentionen und Handlungen dargestellt werden. Auf das naturalistisch eingeschworene Publikum, wirkte eine solche Art der Darstellung wohl sehr befremdlich. Diese Verfremdung war von Brecht gewollt. Denn durch diesen Effekt, konnte die Veränderbarkeit von Verhältnissen, Situationen und Zuständen vorgeführt werden. Das Fremde verhinderte die Einfühlung der ZuschauerInnen, sie waren stattdessen aufgerufen, das scheinbar Selbstverständliche zu hinterfragen.

Den SchauspielerInnen war zwar eine Einfühlung am Anfang der Probenarbeit erlaubt, aber nur insofern, dass es notwendig war, das Material der Rolle und die Eigenheiten kennen zu lernen, und nicht etwa, um sie unkritisch zu übernehmen. Der/Die Darsteller(in) sollte seine/ihre Rolle nicht erleben, sondern sie bzw. ihr Verhalten zeigen. Beispielsweise wie der Zeuge eines Unfalls, der Neuhinzukommenden die Vorgänge des Unfalls und das Verhalten der Unfallbeteiligten vorführt.

Der Zeuge erlebt den Unfall nicht selbst, er erzeugt keine Illusion von Wirklichkeit, sondern er zeigt, wie sich die Vorgänge ereigneten. Probieren Sie es mal aus: Sie spielen nicht eine Situation, sondern Sie zeigen nur die Vorgänge in der Situation, das macht in der körperlichen Darstellung einen gewaltigen Unterschied. Eine Übung dazu: Sitzen Sie, einmal in der Ausführung eines Verkörperns und einmal in der Ausführung einer Demonstration. Im ersten Fall, erleben Sie das Sitzen ganz bewusst. Im zweiten Fall, zeigen Sie nur jemanden, der/die sich hinsetzt. Achten Sie dabei darauf, dass Sie nicht erklären, denn das wäre falsch verstanden. Zeigen ist nicht erklären. Ein anderes Beispiel, ist der/die Regisseur(in), der/die der Schauspielerperson die Rolle vormacht. Er/Sie verwandelt sich dabei keineswegs voll und ganz in die Rolle. Vielmehr zeigt der/die Regisseur(in) dem Protagonisten einen bestimmten Vorgang, eine bestimmte Handlung der Rolle im Stück.

Kommen wir zurück zu den ZeugInnen, deren Sicht der Dinge eine bedeutende Rolle spielt, das heißt ihr subjektiver Eindruck. JuristInnen beklagen häufig, dass ZeugInnen ein gewisses Problem für das Gericht darstellen. Denn ihre entscheidende Aussage ist häufig getrübt von ihrem subjektiven Eindruck. War das Auto nun dreißig zu schnell oder nur zwanzig? War die Haarfarbe des Diebes nun blond? Oder war er doch dunkelblond und schimmerte nur der Mondschein auf den vermeintlichen Blondschopf? Und vieles mehr. Das heißt, die ZeugInnen schildern die Ereignisse so, wie sie sie subjektiv wahrgenommen haben. Das was sich für die ZeugInnen aber eher zufällig und plötzlich ereignet, ist für den/die Schauspieler(in) durch die Rollenanalyse und Beschäftigung mit dem Material der Rolle zu erarbeiten. Daraus ergibt sich eine eigene Haltung und eine kritische Distanz zur Rolle. ZeugInnen und SchauspielerInnen gleichen sich aber insofern, dass beide durch einen Blick "von außen", einen subjektiven Eindruck auf die Ereignisse bzw. Verhältnisse gewinnen. Der Zeuge/Die Zeugin könnte meinen, dass sich der prollig aussehende Fahrer rabiat in die Lücke der Autoschlange eingefügt hat. Der/Die Schauspieler(in) könnte das Verhalten seiner/ihrer Rolle, durch seine/ihre subjektive Brille betrachtet, als befremdlich, töricht, tollkühn o.ä. empfinden.

Nach Brecht also, soll die Schauspielerperson die Rolle nicht verkörpern, sondern in *kritischer Distanz* und *demonstrativer Haltung* präsentieren. Dabei soll der/die Schauspieler(in) von dem *Gestus des Zeigens* Gebrauch machen.

Wir müssen eine einzelne Geste eines Individuums, die individuelle und situative Bedeutung hat, vom Gestus nach Brecht unterscheiden. Das verlegene Kratzen am Kopf eines Protagonisten, deutet dessen Verlegenheit an, nicht mehr und nicht weniger.

Auch eine Grimasse oder Geste, die Komik erzeugen kann, wie das wiederholende demonstrative Fingerzeigen in einem Vortrag, sind nicht mit dem Gestus nach Brecht zu verwechseln. Ebenfalls schon gar nicht zu verwechseln, sind völlig unnötige, aufgesetzte Gesten, wie man sie häufig bei SchlagersängerInnen oder deutschen VolksmusikerInnen beobachten kann. Sie sind in jeder Form von professionellen Theaterbühnen fern zu halten – das wäre zumindest wünschenswert.

Gestus nach Brecht ist aber beispielsweise ein Verkaufsgestus, als sozialer Gestus, der sich von jemanden in einer Position (Verkäufer) an jemanden anderes (Käufer) richtet.

Wichtig sind zwei Dinge:

a.) die Zusammenfassung einzelner Gesten, Mimik und Aussagen zu einem Komplex.

b.) der soziale Kontext, die Beziehungen von Menschen untereinander, der gesamte gesellschaftliche Kontext.

zu a.) Gesten und Mimik können ausgetauscht werden, es geht niemals nur um eine Geste, eine Mimik, oder Aussage allein, sondern um das Ganze, als bedeutungsvoller Gestus.

zu b.) Brecht hat seine Figuren nicht als psychologisierte, starke Individuen gezeichnet, die ihre Entscheidungen einzeln treffen, sondern er hat sie in den sozialen Kontext gestellt. Gestus ist also eben ein Komplex aus Gesten, Mimik und Aussagen, der sich auf diesen Kontext bezieht und die Beziehungen von Menschen aufzeigt. Bei Brecht geht es im Prinzip um Ökonomie, Gesellschaft und Verhalten, und letzteres ist nicht das psychologische Verhalten eines Individuums, sondern das Verhalten in und aus einem ökonomisch-sozialen Zusammenhang. Persönliche Gedanken und Gefühle einer Figur vermitteln sich also über den gesellschaftlichen Zusammenhang, nicht losgelöst von ihm.

Betrachten wir zuletzt noch ein Beispiel, um Beschriebenes zu veranschaulichen:

Stellen sie sich vor, sie beobachten das Geschehen in einem Amt, z.B. im Finanzamt oder in irgendeinem anderen Amt (in Deutschland mangelt es ja nicht an Ämtern und Behörden, wie man weiß). Erkennen Sie den Unterschied von Kunden und Beamten? Jetzt mal von Klischees abgesehen, stellen Sie sehr schnell fest, dass sich die Beamten anders verhalten, als die Kunden. Die Verwaltungsmenschen machen unterschiedliche Bewegungen, halten inne, um auf dem Flur zu plauschen. Sie weilen von Tür zu Tür, professionell Akten und Schlüssel schwingend usw.

Nochmal, es geht nicht darum, Einzelne zu beobachten und zu entlarven, sondern um das gesamte Gefüge. Machen Sie das als Übung, vielleicht schreiben Sie alles auf oder filmen das

Treiben. Sie werden feststellen, die Gruppe von Beamten verhält sich anders, als die Gruppe von Kunden. Und auch im Kontakt untereinander werden Sie interessante Beobachtungen machen. Der Komplex von Gesten, Mimik und Aussagen der Beamten oder Kunden ist weniger kennzeichnend für den Einzelnen, sondern für die Gruppe. Oder anders ausgedrückt, das Individuum kennzeichnet sich über die Gruppe, nicht losgelöst von ihr.

Sie sehen sicher schnell ein, dass sich der oder die Einzelne – in einem anderen sozialen Zusammenhang – anders gestikulieren würde. Stellen Sie sich doch nur vor, dass Beamter Müller 2 in seiner Freizeit ein begeisterter und erfolgreicher Fußballspieler des Vereins 0815 ist und gelegentlich auf den Rasen spuckt (weil man das so macht). Im Amt würde er es nicht wagen, solch Unholdtum herauszulassen, auch wenn er es manchmal gerne würde. Und auch sonst verhält sich Müller 2 unter seinen Fußballkumpanen, im gesamten Komplex aus Gestik und Mimik, völlig anders als im Amt. Wir sehen hier also einen Menschen mit unterschiedlichen Verhaltensweisen, in unterschiedlichen sozialen Zusammenhängen.

Und jetzt stellen Sie sich vor, diese Beamten oder Kunden stehen auf der Bühne, sie sind weniger einzelne Individuen, sondern Typen, die sich in ihrem bzw. über ihren sozial-ökonomischen Kontext dem Publikum präsentieren. Nochmal, es geht nicht um Klischees, das Vorführen oder gar Parodie und Überzeichnung einzelner Gesten. Es geht letztendlich um den Vorgang des Zeigens der Verhältnisse, die dem Zuschauer desillusioniert demonstriert werden. Dadurch wird das Publikum erst in die Lage versetzt, die gezeigten Zustände zu hinterfragen und möglicherweise auch zu durchschauen.

Brecht wandte sich also gegen das *aristotelische Theater*, was aus seiner Sicht – von Aristoteles bis Stanislawski – reines Einfühlungstheater war und setzte sein *Nicht-Aristotelisches*

Theater dagegen. Er hielt aber einzelne Arbeitsschritte des Stanislawski-Systems durchaus – für die Probenarbeit – als geeignet.

So beispielsweise das Erarbeiten von Rollenbiografien, die Arbeit mit den physischen Handlungen und auch die Einfühlung. Die Einfühlung sah er aber lediglich – im Gegensatz zu Stanislawski – als Methode für den/die Schauspieler(in), um das Material kennen zu lernen, was er/sie dann zu verfremden hatte. In der Verschmelzung der eigenen Gefühle der Schauspielerperson mit denen der Figur, sah Brecht die Gefahr, dass dann auch die Gefühle des Publikums, die der Figur werden könnten. Das genau war um jeden Preis zu vermeiden. **Emotionen** sollten eher zum **Gegenstand der Untersuchung** für den/die Zuschauer(in) werden. Er lehnte unkritisches und unkontrolliertes "Fließen" der Emotionen auf der Bühne ab.

Um ein intuitives Sich Einleben zu vermeiden, mussten eher untypische Probensituationen entstehen, zum Beispiel häufiges Proben am Tisch, indem der/die Schauspieler(in) als LeserIn – nicht aber als VorleserIn – fungiert. Nach Brecht soll der/die Schauspieler(in) seine/ihre Rolle in der Haltung eines Staunenden und Widersprechenden lesen. Brecht plädierte für die Methode des **Memorieren der ersten Eindrücke**: Dabei erfasst die Schauspielerperson schon beim ersten Lesen die Besonderheiten. Das Zustandekommen der Vorgänge und das Verhalten der Rollenfigur sind keineswegs als gegeben und etwas Selbstverständliches hinzunehmen. Bevor der/die Schauspieler(in) die ersten Worte spricht, **memoriert er/sie,** worüber er/sie beim Lesen gestaunt bzw. widersprochen hat. Diese Momente werden in seiner/ihrer Gestaltung festgehalten.

Ebenfalls empfahl Brecht seinen Protagonisten das **Fixieren des Nicht-Sondern**:

Das was die SchauspielerInnen sagen und machen, enthält eine Alternative. Das was sie nicht machen, ist in dem enthalten, was sie machen. Der Sinn und Zweck des Ganzen ist, dass das Publikum das Dargebotene als nur eine der Möglichkeiten wahrnimmt und nicht als alternativlose Gegebenheit. Nehmen wir ein Beispiel: Sie gehen nach vorne, haben aber im Kopf, dass Sie nach hinten gehen könnten, es aber nicht tun, sondern nach vorne gehen: Sie gehen also nach vorne, nicht nach hinten.

Um Einfühlung zu vermeiden, muss der/die Schauspieler(in) die richtige distanzierte Haltung zu seiner Rolle einnehmen. Dazu entwickelte Brecht die Verfremdungstechnik, als zentrales Hilfsmittel:

1. Die Überführung in die dritte Person:

2. Das Mitsprechen von Spielanweisungen und Kommentaren

3. Die Überführung in die Vergangenheit

Die Kombination von Punkt eins und zwei auf der Probe, ermöglicht den SchauspielerInnen eine distanzierte Haltung einzunehmen. Beispiel: „Er steht auf, geht auf sie zu und sagt." Dazu kommt, dass auch die Spielweise verfremdet wird. Denn das Spiel erfolgt erst, nachdem es in Worten angekündigt wurde. Durch die Überführung in die Vergangenheit hat der/die Schauspieler(in) die Möglichkeit sich der Retroperspektive zu bedienen. Der Blick zurück, schafft eine Art weise Distanz. Der Protagonist kennt das Stück bis zum Ende, er kann durch die Vergangenheitsform auf den Satz, die Ereignisse – mit einer gewissen Weisheit – zurückblicken.

Punkt eins ist eine sehr gute Technik. Sie können damit Distanz zu ihrer Figur aufbauen. Egal ob Sie mit Brecht arbeiten oder nicht. Erzählen Sie von ihrer Rolle, einmal in der ersten Person, einmal in der 3. Person. Eine Übung dazu:

Erstellen Sie einen Steckbrief über ihre Figur, wer ist die Figur, Alter, Name, Beruf, Hobby, aber auch eine kurze Charakterisierung. Dann stellen Sie sich als Rolle vor Ihrer Gruppe oder einer KollegIn vor. In der Ich-Form oder in der Er/Sie-Form. Gerade in der dritten Person, kann man auch viel leichter über schlechte Charaktereigenschaften sprechen. Wenn Sie sich innerhalb des Stanislawski-Systems bewegen, eine Figur verkörpern, auch dann kann Ihnen diese Übung helfen. Gerade in einer sehr emotionalen Rolle, beispielsweise der eines Selbstmörders/einer Selbstmörderin, kann das Erzählen über die Rolle in der Er/Sie-Form die nötige Distanz aufbauen, die Sie befähigt sich nicht in der Rolle völlig zu verlieren. Sie können aber auch durch die Verfremdung objektiver über ihre Rolle erzählen, Sie lernen sie besser zu verstehen und damit auch sie besser zu führen, bevor Sie sich völlig in sie verwandeln.

Weitere Mittel der Verfremdung auf der Bühne will ich im Folgenden darstellen:

- **direkte Zuschaueransprache (ad spectatores):**

Brecht forderte eine volle Wendung an das Publikum, *Beiseitesprechen* lehnte er ab. Das Beiseitesprechen ist eine Form der Fiktionsdurchbrechung, die in Komödien, vor allem in Volkslustspielen, angewendet wird. Dabei richtet ein Protagonist Gedanken und Kommentierungen an das Publikum, sozusagen "im Vorbeigehen", der oder die Dialogpartner(in) bekommt dies (scheinbar) nicht mit. Brecht wünschte aber die offene, volle und klare Wendung an das Publikum. Deshalb muss man hier deutlich unterscheiden.

- **Inhaltsangabe vor der Szene, durch Schauspieler gesprochen oder durch Projektion eingeblendet.**
- **Zerstörung der Illusion durch Unterbrechung:**

Durch Lieder oder Kommentare können Handlungen auf der Bühne unterbrochen werden, um Illusion und Einfühlung zu verhindern und Reflexion zu ermöglichen.

- **Umbau auf offener Bühne/Umzug vor Publikum:**

Die ZuschauerInnen sehen jeden Umbau, sehen die gesamte Theatermaschinerie, nichts bleibt verborgen. SchauspielerInnen ziehen sich vor Publikum um. Das Publikum bekommt die Verwandlung der SchauspielerInnen in die Rolle mit. Umgekehrt sieht das Publikum auch die Verwandlung der Rolle in die Person dahinter. Der Protagonist kann auch während seiner Verwandlung in die Rolle schon seinen Rollentext sprechen. Er kann auch in der dritten Person über seine Figur sprechen, über sie reflektieren.

- **Verfremdungseffekt durch sichtbare Beobachtung der eigenen Bewegung.**

Bert Brecht bewunderte die chinesische Schauspielkunst. Der chinesische Protagonist richtet sich in seiner Präsentation einerseits an die ZuschauerInnen. Er zeigt etwas so, als wolle er die ZuschauerInnen fragen, ob es nicht genau so sei. Gleichzeitig sieht er aber auch auf seine sich bewegenden Körperteile. Sichtbar beobachtend, anführend und überprüfend führt er die Bewegung aus. Durch die sichtbare Beobachtung seiner eigenen Bewegung, erzeugt der/die Darsteller(in) die Verfremdung.

7   Augusto Boal – Das Theater der Unterdrückten

7.1   Theater oder Pädagogik?

Die wohl bekannteste klassische Definition des Begriffes *Theater* ist die Minimaldefinition von **Eric Bentley: A spielt B und C schaut zu.**

Mit dieser Kurzformel ist die Existenz eines Spielers/einer Spielerin, die der Rolle und die eines Zuschauers/einer Zuschauerin festgelegt. Das heißt, ohne Publikum kein Theater. Zudem wird dem Spieler und dem Zuschauer eine Aufgabe zugeordnet. A spielt B, hat die aktive Aufgabe, C eine eher passive Aufgabe. Passiv insofern, dass der/die Zuschauer(in) nicht aktiv handelnd mit A interagiert. Das Publikum gibt Rückmeldungen, durch Beifalls- oder Unmutsbekundungen, reagiert mit Lachen, Räuspern etc., aber es tritt nicht aktiv und "auf Augenhöhe" in die Interaktion mit den SpielerInnen ein.

Es gibt selbstverständlich noch andere Definitionen von Theater. Die Bentley-Formulierung scheint mir aber am besten geeignet, um den Kontrast und den Unterschied herkömmlichen Theaters zu Boal zu vermitteln.

Augusto Boal wandte sich gegen das autoritäre Theater, gegen jede Subjekt-Objekt-Beziehung, didaktisches Theater und Theater als Propaganda. Die Beziehungsebene Schauspieler-Zuschauer, die den/die Spieler(in), als wissende(n) Künstler(in), über die ZuschauerInnen erhebt, löste er auf. Für ihn war jeder Mensch Künstler, der in seinem Theater der Unterdrückten interaktiv in einen theatralischen Prozess eingebunden werden sollte. Boals Theater ist nicht an einen bestimmten Ort und Raum, an ein bestimmtes Gebäude gebunden. Ziel war es, durch gemeinsames Handeln und durch Diskussion, aktiv ins Geschehen einzugreifen und daraus gemeinsam zu lernen, ohne dass jemand den anderen belehrt oder dominiert.

Beispielsweise im Unsichtbaren Theater, initiieren SchauspielerInnen Diskussionen im Zug, auf der Straße, im Kaufhaus etc. Die Passanten oder Fahrgäste wissen nicht, dass es sich um SchauspielerInnen handelt und steigen in die Diskussion ein. Es geht also um eine spielerische Auseinandersetzung mit einer für real gehaltenen Situation. Natürlich probt die Schauspielertruppe vorher. Aber sie wissen nie, wie die Uneingeweihten reagieren werden.

Wir sehen, dass die Anwendung der Bentley-Definition auf Boals Theater der Unterdrückten, dieses nicht als Theater gelten lässt. Boals Theater ist also kein klassisches Theater. Es gibt keine klare Verteilung der Aufgaben mehr, A spielt B und C schaut zu, sondern jeder ist ZuschauerIn, BeobachterIn des Anderen und Akteur in einer Person. Die SchauspielerInnen werden auch zu Beobachtenden und die ZuschauerInnen werden auch zu Handelnden. Boal nannte die Beteiligten spect-actors – ZuSchauspieler.

In den letzten Jahrzehnten hat insgesamt eine kulturelle Globalisierung stattgefunden, wobei Boals Theater der Unterdrückten sozusagen ein Import aus Brasilien ist. In Deutschland werden Boals Methoden und sein Theater der Unterdrückten zur Theaterpädagogik gerechnet. Diese wiederum ist an theatralischen Mitteln und prozessorientierten Methoden interessiert, die dem Menschen helfen, seine Rolle, Position und Haltung im gesellschaftlichen Kontext zu finden. Da bieten sich Boals Formen von Theater gut an.

Also ist Augusto Boals Theater "bloß" Pädagogik, aber kein Theater?

Aus klassischer und institutioneller Sicht der öffentlichen Theater mag das vielleicht so gesehen werden. Aus der Sicht der vielfältigen freien darstellenden Kunst, in Deutschland, stellt sich das Phänomen Theater wesentlich diffuser und vielseitiger dar. Eine Definition, wie die von Bentley, grenzt zu viel aus und diskriminiert damit prozessorientiertes pädagogisch-politisches Theater, welches die klassische Aufgabenverteilung SchauspielerIn/ ZuschauerIn nicht mehr kennt, sondern beide auf Augenhöhe zueinander stellt. Um herkömmliches Theater aber leicht von dem Boalschen zu unterscheiden, abzugrenzen, ohne es aber auch nur im geringsten abzuwerten zu wollen, erscheint mir die Bentley-Definition sehr dienlich.

7.2   Für ein dynamisches Theater

Brecht und Meyerhold wandten sich gegen eine vierte Wand, die die direkte Wendung der DarstellerInnen bzw. Charakteren an das Publikum verhindert. Insofern brachen sie mit der vierten Wand. Die vierte Wand, als Trennlinie, die verhindert, dass das Publikum durchdringen und auf das Bühnengeschehen aktiv Einfluss nehmen kann, wird aber erst durch Boal vollständig durchbrochen.

Boal beschrieb die Durchlässigkeit in der Gesellschaft und im herkömmlichen Theater mit dem Begriff Osmose (siehe Boal 1999: S. 47ff).

Was bedeutet er?

Osmose ist ein biophysikalischer Begriff und so verwundert es auch nicht, dass der studierte Chemiker Boal ihn sehr treffend benutzt.

Sie kennen den Begriff Osmose aus ihrem Schulunterricht: Zwei Lösungen werden durch eine semipermeable (halbdurchlässige) Membran getrennt. Lösung A ist eine gering konzentrierte Salzlösung oder reines Wasser. Lösung B eine hochkonzentrierte Salzlösung. Natürlich wollen sich die Salzionen gleichmäßig verteilen. Können sie aber nicht, denn sie werden durch die Membran zurück gehalten. So kann nur Wasser durch die Membran gelangen und die Lösungen ausgleichen. Es entsteht ein osmotischer Druck und das Wasser diffundiert durch die Membran, in die Richtung der höher konzentrierten Lösung. Um sich das zu veranschaulichen: Wenn Sie eine konzentrierte Kochsalzlösung in den Blumentopf ihres verhassten Nachbarn kippen, so geht die stolze Blume elendig zu Grunde (bitte machen Sie es nicht, die Blume kann nichts für ihren Disput). Also das Wasser dringt durch die Zellmembranen aus den Zellen der Pflanze, nach außen. Eigentlich sollte es umgekehrt sein, denn so "trinkt" die Pflanze. Das ist Osmose. Anders ausgedrückt, die Osmose beruht auf dem Verhältnis von Durchlässigkeit und Undurchlässigkeit verschiedener Stoffe. Aber was hat das mit Theater und Gesellschaft zu tun?

Für Boal sind auch in der Gesellschaft bestimmte Dinge einseitig durchlässig, wie beispielsweise Gesetze, die von oben nach unten durchgereicht werden. Nicht nur in Brasilien, sondern auch in Deutschland oder Europa, begegnen wir dem Phänomen, dass die Kombination aus Geld, Lobbyismus und Politik ungemein produktiv dabei ist, lobbykonforme Gesetze auf den Weg zu bringen. Diese werden nach unten durchlässig, rechtlich verbindlich und sorgen mitunter auch, im weitesten Sinne, für Unterdrückung. Anders aber, dringen Bedürfnisse, Wünsche und auch durchaus gute und neue Ideen, zumindest nicht im gleichen Maße, nach oben. Es entsteht ein Ungleichgewicht. Wie in der biophysikalischen Osmose, kommt es auch hier zu einer Art osmotischem Druck. Ist der Druck zu groß, so kann das System sogar kollabieren. Im Theater, stellt die vierte Wand die halbdurchlässige Membran dar, die erlaubt, dass das Bühnengeschehen auf die ZuschauerInnen einwirken kann, aber das Publikum hingegen nicht auf das Bühnengeschehen Einfluss nehmen kann. Boal wollte völlige Durchlässigkeit, er wollte kein "osmotisches Theater", sondern dynamisches Theater. Ein Theater, welches ein Fließgleichgewicht zwischen allen Beteiligten ermöglicht, in dem alle Kräfte und Impulse sich gleichberechtigt entfalten und befruchten können – das ist das Theater der Unterdrückten. Das Theater der Unterdrückten soll der Gegendruck in einer "osmotischen Gesellschaft" sein, in der Macht und Informationen oft nur in einer Richtung durchlässig sind. Inwieweit Theater generell auf komplexe politisch-gesellschaftliche Prozesse einwirken kann, war, ist und bleibt fraglich. Dennoch kann Boals Theatermodell – vielleicht weniger politisch – als im Sinne ästhetisch demokratischer Erziehung, sehr fruchtbar sein. Die Grundidee ist ja die, des ZuSchauspielers/der ZuSchauspielerin, des/der Beobachten-den und Handelnden gleichzeitig, der/die aktiv ins theatrali-sche Geschehen eingreifen kann und soll. Die Hoffnung ist die, dass der Mensch nun auch zum ZuSchauspieler/ zur ZuSchau-spielerin, also zum/zur Beobachter(in) und Handelnden des demokratischen Lebens wird. Über diesen ästhetisch-pädagogischen Weg, kann politisches Eingreifen, im Sinne demokratischen Handelns, möglich werden.

7.3   Das Unsichtbare Theater

Ziel des UT ist es eine Diskussion zu initiieren. Es sollen Gegebenheiten, vor allem Gesetze, auch ungeschriebene Gesetze, in Frage gestellt werden. Zu einem Thema wird eine Konfliktsituation schriftlich fixiert. Es finden Proben statt und grundsätzlich könnte das Ganze auch als konventionelles Theater stattfinden. Das Theaterstück findet im öffentlichen Raum statt. Die ZuschauerInnen sind unwissend und zufällig da. Die durch SchauspielerInnen einstudierte, gespielte Situation wird allmählich geöffnet und die ZuschauerInnen werden unwissentlich zu specactors. In den Proben müssen deshalb auch die möglichen Reaktionen von Passanten mitgeprobt werden.

Wir können problemlos einsehen, dass diese Form von Inszenierung entweder eskalieren kann, oder überhaupt nicht zündet. Deshalb braucht es HelferInnen, die einerseits die Spielenden vor Übergriffen schützen. Andererseits haben die HelferInnen Animationsfunktion und bringen Diskussionen in Gang. Weiter außerhalb stehende BeobachterInnen, betrachten das Geschehen und geben im Anschluss ein Feedback. Die wichtigste Voraussetzung ist, dass die Menschen nichts vom inszenierten Theater mitbekommen, es also unsichtbar bleibt. Ausnahme ist hierbei, wenn es Ärger mit der Exekutive gibt, dann wird abgebrochen. Das sollte aber vermieden werden.

7.4 Forum Theater

Das Forum Theater zeigt eine Form der Unterdrückung und ein Scheitern im Kampf gegen diese Unterdrückung. Als Vorlage kann von einem bestehenden Stück ausgegangen werden. Geeignet sind dazu Brechts Lehrstücke, genauso wie Stücke von Hendrik Ibsen oder Georg Büchner, die schon als Forum Theater bearbeitet und inszeniert wurden. (vgl. Staffler 2009: S. 89)

Ebenfalls kann das Stück aber auch durch eine Theatergruppe selbst entwickelt werden.

Die Entwicklung oder Bearbeitung wird in der **Erarbeitungsphase** vorgenommen.

Nach der Erarbeitungsphase kann das "klassische" Forumtheater in weiteren drei Phasen beschrieben werden, der **Probenphase**, der **Aufführungsphase** und der **Forumphase**. (vgl. Staffler 2009: S. 91ff.)

Eine wichtige Funktion im Forumtheater übernimmt die Rolle des **Jokers.** Der Begriff kommt aus dem Kartenspielen und weist auf die Vielseitigkeit der Funktion dieser Person hin. Der Joker ist Vermittler zwischen der Welt des Theaters und der Welt des Publikums. Aber er kann auch eine der anderen Rollen übernehmen oder beispielsweise Interviews mit den Charakteren führen und vieles mehr.

Probenphase

Diese Phase findet auf theatralischer und politischer Ebene statt. Das heißt, neben der Rollenfindung, der Dramaturgie und dem ästhetischen Rahmen, findet auch historische Betrachtung, aktuell-politische Auseinandersetzung und Informationsaustausch statt. Kunst und Politik sind hier sozusagen untrennbare Geschwister.

Als Anhänger Stanislawskis, legte Boal viel Wert auf eine gute Rollenarbeit. Den SchauspielerInnen sollte es gelingen, ihre Rollen glaubhaft darzustellen und aus ihnen angemessen zu agieren und zu reagieren. Die DarstellerInnen sollten eine Rollenbiografie entwerfen und sich ein spezifisches Handlungsrepertoire aneignen. In die Probenarbeit muss aber noch etwas anderes einfließen, als das bloße Einstudieren eines herkömmlichen Stückes: Mögliche Konfliktlösungsvorschläge – durch ZuSchauspielerInnen – müssen durchgespielt werden.

Aufführungsphase

Die Aufführung kann geschlossen oder öffentlich, mit variabler ZuSchauspielerInnenanzahl, stattfinden. Wie im konventionellen Theater, wird das Stück einmal in der erarbeiteten Fassung modellhaft vorgeführt. Der Joker kann am Anfang auf Besonderheiten und Umstände der Vorstellung hinweisen.

Forumphase

Nach der ersten Vorführung, leitet der Joker zur Forumphase über. Dabei kann er zur Diskussion über das Geschehene anregen oder Übungen anleiten. Die ZuSchauspielerInnen sollen aktiviert werden. Der Joker erklärt dann die Regeln für die Forumphase. Die SchauspielerInnen spielen das Stück zum 2. Mal und versuchen zum gleichen Ende zu kommen. Durch ein einfaches "Stop", haben die ZuSchauspielerInnen die Möglichkeit die Szenerie anzuhalten. Der Protagonist wird durch eine(n) ZuSchauspieler(in) ausgetauscht. Der auszuwechselnde Protagonist ist in der Regel immer die unterdrückte Person, nur diese kann ausgetauscht werden. Boal war der Auffassung, dass nur die unterdrückte Person selbst sich befreien kann. Der/Die eingewechselte Zuschauspieler(in) versucht den Verlauf des Geschehens zu verändern und mit der Unterdrückung zu brechen, während die SchauspielerInnen versuchen den Gang der Handlung, die Unterdrückung, aufrecht zu erhalten.

Die SchauspielerInnen müssen in ihren Rollen authentisch agieren, damit eine Analyse über die gezeigten Vorschläge möglich wird. Es werden verschiedene Handlungsmöglichkeiten ausprobiert. Es war für Boal nicht primär wichtig, ob ein Versuch gelingt oder scheitert, ob die Unterdrückung schlimmer oder weniger wird, wichtig war für ihn, daraus zu lernen.

Es gibt viele Varianten von Forumtheater, die in pädagogischen und therapeutischen Disziplinen Verwendung finden. Theater wird hier als Mittel der Kommunikation verstanden, welche zur Konfliktlösung beitragen kann, zumindest aber zur Bewusstwerdung über den Konflikt führt.

8 Das postdramatische Theaterkonzept

8.1 Dramatik gegen Postdramatik

Der Begriff des postdramatischen Theaters ist teilweise immer noch ein Reizbegriff, der die Gemüter bewegt. Die Einen bekommen bis heute – nur bei dem Gedanken daran – psychosomatische Beklemmungen. Andere dagegen belächeln Sie mit hohnvoller Bemitleidungsmimik, wenn Sie die heutige Überlebenschance eines dramatischen Theaters postulieren. Für die Letzteren gibt es nur noch postdramatisches Theater. Tatsache ist aber, dass dramatisches und postdramatisches Theater in den Spielplänen deutscher Theater vertreten sind. Zudem gibt es Unterschiede innerhalb der Vielfalt, was alles als Postdramatik bezeichnet wird. Egal aber wie man es wahrhaben will, das postdramatische Theater ist existent und erfolgreich, seit Jahrzehnten.

Die Postdramatik ist die Erfüllung eines Traums mancher TheaterwissenschaftlerInnen: Die Befreiung des Theaters aus der Vorherrschaft des Dramas – eben postdramatisch – nach dem Drama (genauer: nach der Handlung; Drama = Handlung). Endlich werden die starren Hierarchien aufgelöst, das Theater steht nicht mehr ausschließlich im Dienst des Dramas und des Dramentextes. Hier sei gesagt, dass unter Drama eine bestimmte Ordnung und Struktur zu verstehen ist. Das heißt, nicht jeder Text ist Dramentext und postdramatisches Theater bedeutet nicht zwingend textfreies Theater – keinesfalls. Aber neue Möglichkeiten ergeben sich, theatralische Mittel, mediale Mittel, Schauspieler, Regie, technisch-gestalterische Berufe am Theater, bekommen eine neue Bedeutung und geraten in eine andere Relation zueinander. Auch die Beziehung zwischen SchauspielerInnen und Publikum verändert sich. Vor allem das Institut für Angewandte

Theaterwissenschaft in Gießen – eine wichtige Geburtsstätte bekannter Postdramatiker in Deutschland – erforscht die neuen Dimensionen von Theater, die sich eröffnen.

Das postdramatische Theater löst das dramatische Theater nicht ab. Aber das dramatische Theater ist nicht mehr normativ, sondern der Theaterbegriff hat sich erweitert. Warum, wie konnte es dazu kommen?

Der folgende Erklärungsversuch ist teils zugespitzt von mir formuliert und soll und darf gerne zu kontroverser Diskussion anregen.

Offensichtlich scheint das Drama allein nicht mehr zu genügen, denn die Welt, die Realität der Menschen, aber auch die Kommunikationsformen haben sich in den letzten Jahrzehnten sehr verändert. Die psychologisierte Figur, der Konflikt, die Interaktion zwischen einzelnen Menschen, aber auch die Einbindung von Rollen und ihrem Verhalten in einen gesellschaftlichen und ökonomischen Kontext (wie bei Brecht), scheinen den Realitätsansprüchen einer komplex gewordenen Welt nicht mehr zu genügen. Der Mensch kämpft nicht in und mit einem Milieu, gegen einzelne Menschen, sondern mit Institutionen. Denken Sie an unsere ökonomisch und sozial verwobene globalisierte Welt. Institutionalisierte Vorgaben, wirtschafts- und machtpolitische Einflüsse ersticken mehr und mehr individuelle Spielräume und demokratische Dynamik im Keim. Immer mehr Menschen, auch die, die bisher zum Mittelstand gehörten, geraten massiv unter ökonomischen Druck. Andere werden durch Instrumente des Kapitalismus systematisch an den Rand der Gesellschaft gedrängt. Für alle wird der ökonomische Gestaltungsspielraum immer kleiner. Demokratische Freiheit und Gestaltung, individuelle Lebens- und Familienplanung, aber auch das Entwickeln und Erhalten einer gesunden Psyche, erscheinen immer schwieriger. Statt die kreativen Spielräume der Lebensgestaltung auszunutzen und eine individuelle Biographie zu entwickeln, geraten immer mehr Menschen in den Sog einer als alternativlos deklarierten, längst globalisierten und immer mehr zentralisierten Wirtschafts- und Finanzordnung, sie werden – drastisch formuliert – zu treuen Dienern des Kapitals – und die, die sich nicht willenlos beugen, sondern einen individuellen Lebensentwurf entwickeln, laufen Gefahr zu verachteten Außenseitern zu werden, die sich medial katalysierter Stigmatisierung ausgesetzt sehen. Zumindest solange ihr Lebensentwurf oder ihr Verhalten nicht einer institutionalisierten Norm entspricht. Aus eben einer Angst vor dem wirtschaftlichen Abstieg und gesellschaftlicher Ächtung, geraten Menschen in einen Gleichklang, sie funktionieren, das beginnt schon in der Schule. Die individuellen Persönlichkeiten erscheinen zunehmend seelen- und willenlos, wie ferngesteuert. Sie sind Marionetten, dessen Fäden aber nicht mehr in den Händen eines Machthabers verlaufen. Sondern komplex verwobene, undurchschaubare Machtstrukturen scheinen ihr Leben, vor allem ihre sozialen und ökonomischen Rahmenbedingungen, zu bestimmen. Natürlich gibt es dazu demokratische Gegenbewegungen, keine Frage. Nur dringen diese lebendigen, gesunden Auseinandersetzungen bis jetzt noch nicht ins Mark der von sogenannten Normal- oder Realbürgern dominierten Gesellschaft ein. Denn die zunehmend weltweite Verflechtung politischer Macht mit medialer Berichterstattung und Finanz- und Wirtschaftslobby, trampelt die zarten Pflanzen neuer humaner und demokratischer Gesellschafts- und Wirtschaftsansätze brutal hernieder. Ihre Waffe: Bedrohungsszenarien, wie die Mär des Chinesen, Inders etc., der schneller, billiger, genügsamer und genauso gut arbeitet und uns angeblich die "Butter vom Brot" nimmt, und vieles mehr. So etwas erzeugt Angst, diese wiederum löst irrationales Handeln und Emotionen aus. Handeln Einzelner dient also immer weniger der rational nachvollziehbaren Gestaltung ihrer individuellen Biographien, die aus sich selbst entstehen. Sondern man lässt sich leiten, tut das, was die "Welt" scheinbar von einem verlangt – man erliegt der vermeintlich rational geforderten Notwendigkeit – dessen Mutter eben nicht selten irrationale Angst ist. Politische Realität, so scheint es, ist eine gegebene Gesetzmäßigkeit, scheinbar nicht gestaltbar, höchstens einige Parameter sind verstellbar, ansonsten aber scheinen nicht definierbare, diffuse Größen und Mächte unsere Welt zu bestimmen – Realpolitik ist hier das Schlagwort. Wichtige Entscheidungen und Handlungsimpulse kommen daher weniger aus einem freien, nachvollziehbaren Anliegen Einzelner, das sich auf eine einfache Ordnung bezieht, als das es von scheinbar universell gegebenen Determinanten umrahmt und von Verhaltensstandards motiviert ist und sich damit auch einem Sinn, einer nachvollziehbaren Logik entzieht. Wenn dem aber so ist, kann dann ein Drama – vor allem das der geschlossenen Form – mit klaren, logisch nachvollziehbaren Handlungssträngen und einer einfachen Ordnung – überhaupt noch als zeitgemäß erscheinen? Kann überhaupt ein dramatisches Theater, egal ob psychologisch, episch oder dokumentarisch, welches die Geschichten und Konflikte von Individuen erzählt, oder ihr Verhalten in einen einfachen sozial-ökonomischen Zusammenhang stellt, dem Anspruch der realen Welt gerecht werden? Denn die Real-Welt ist unfassbar komplex geworden, die sozial-ökonomischen Zusammenhänge nicht mehr so einfach zu umreißen und auch die Fragestellungen und Probleme sind andere und stehen in anderen komplexeren Zusammenhängen. Zudem haben sich unsere Kommunikationsmöglichkeiten und unsere Sprache verändert, denken Sie nur ans Internet. Die Flut an verschiedensten Informationen überfordert den Versuch der Einordnung in einfache Zusammenhänge. Die Postdramatik eröffnet eine neue Welt oder Neuordnung der Möglichkeiten, Darstellungs- und Kommunikationsweisen. Sie baut Brücken zu anderen künstlerischen Disziplinen, der darstellenden und bildenden Kunst, begegnet diesen auf

Augenhöhe. Der Bruch mit den herrschenden Konventionen und der Hierarchie im Theater, ermöglicht auch neue Arbeitsweisen. Wie wir noch sehen werden, ist die Arbeitsweise eines Rene Polleschs für SchauspielerInnen, die nur das Regietheater kennen, durchaus gewöhnungsbedürftig. Strenge Hierarchien, undemokratische Arbeitsweisen werden durch Postdramatiker wie Pollesch auf den Kopf gestellt.

Das postdramatische Theater weitet den Blick auf das Theater, bricht mit den starren Konventionen, es eröffnet neue Sichtweisen und ordnet dem/der Schauspieler(in) eine neue Rolle zu – oder verzichtet sogar auf professionelle DarstellerInnen. Die Kritiker der Postdramatik sehen die Postdramatik am Ende – das allerdings schon seit 50 Jahren – das berühmte Phänomen der Lebensdauer der Totgesagten. Viele hartnäckige Befürworter der Postdramatik sehen dagegen das dramatische Theater als überwundenes Relikt. Aber beides existiert. Ich glaube sogar, dass das dramatische Theater von der Postdramatik erheblich profitiert hat und profitiert. Und zwar insofern, dass die anderen Arbeitsweisen, Darstellungsweisen und Kommunikationsformen auf der Bühne, Umgang mit Sprache und Text, Collagen, interdisziplinäre Performance, eine Bereicherung für die Dramatik und ihre Inszenierungen gebracht hat und bringt.

Kurzum, die Vielfalt in der Theaterlandschaft macht das Theater spannend, lebendig und attraktiv. Der ewige Streit um das richtige Theater, hält die Maschine am Laufen.

8.2 Konsequenz für die Schauspielpädagogik

Für die Schauspielpädagogik bedeutet der Wandel des Schauspiels am Theater, dass sie sich immer wieder in ihrer Konzeption erweitern muss. Vor allem private Ausbildungsinstitutionen, die sich häufig ausschließlich auf eine Rezeption des Stanislawski-Systems, oder eingeschränkter auf die Rezeption der Frühphase Stanislawskis bzw. auf die Method-Acting Strasbergs, berufen, können ohne Zweifel erfolgreich für Film und Fernsehen ausbilden, aber für das heutige deutsch-europäische Theater, reicht das allein so nicht aus. Denn die Zeiten, wo primär die Illusionsbühne mit ihrer vierten Wand vorherrscht, sind lange vorbei. Immer mehr unterscheiden sich die Anforderungen des Theaters, mit seinen verschiedensten Spielweisen, von den Anforderungen des Films- und Fernsehens an den/die Schauspieler(in). Da Ausbildungen in einem beschränkten Zeitrahmen stattfinden und gigantisch viele Fächer, Spielweisen und Methoden umfassen, ist es fast unmöglich alles in diesem Zeitrahmen unterzubringen. Zudem bringen auch verschiedene Dozenten und Regisseure unterschiedliche Sichtweisen und Inszenierungsstile mit. Insofern ist eine Schwerpunktsetzung der Ausbildungsinstitution zwar „gefährlich", aber heute fast gar nicht mehr zu vermeiden. Es sei denn, der Institution gelingt eine gute Mischung verschiedenster Methoden als Basisausbildung, die über die normativen Standards des dramatischen Theaters und seiner Arbeitsweisen hinausgehen – und sie bildet auch angemessen praxisnah für Film und Fernsehen und evtl. für Mikrofon- und Synchronsprechen aus bzw. bietet Weiterqualifikationen an. Aber ein(e) Schauspieler(in) sollte heute natürlich auch sehr entwicklungsbereit und offen sein. Zum einen für sehr unterschiedliche Ansätze im Schauspiel und zum anderen offen sein für das Berufsumfeld, wie Regie, Sprecher, Theaterpädagogik etc. Ein Leben lang lernen gehört gerade heute mit dazu – in der praktischen Ausübung und in Fortbildungen. Die Ausbildung ist eben nur eine Basis.

Darüber hinaus, wird das klassische Berufsbild des Schauspielers/der Schauspielerin für Theater, Film und Fernsehen immer diffuser. Eine klare Abgrenzung zu anderen darstellenden und performativen Künsten, sowie zu Sprechern,

Moderatoren und anderen Sparten, wird immer schwieriger und ist auch möglicherweise gar nicht sinnvoll.

Für die Arbeit des Theaterpädagogen mit Amateuren oder Semiprofis stellt sich die Frage, welche Methode, für welche Altersgruppe und welche Zielsetzung, angemessen ist. Das Beste ist – aus meiner Sicht – möglichst viele Konzepte und Methoden zu kennen – und dann seine eigene Methode zu entwickeln. Da Menschen und Gruppen so unterschiedlich sind wie Sandkörner oder Steine am Meer, ist auch fraglich, ob keine Methode zu haben, nicht sogar die beste Methode ist. Denn in dem Moment, wo ein Theaterpädagoge sich seiner Methode bedient, mag er/sie Erfolg mit vielen Gruppen und Personen haben, aber mit dem/der Einen oder dem/der Anderen scheint die Methode zu versagen. Methodische Flexibilität wird der individuellen dynamischen Charaktere eines Protagonisten aber viel gerechtet, als eine ausgestanzte Methode. Methodisch flexibel zu bleiben, setzt aber auch eine umfassende, konzeptübergreifende Methodenkenntnis voraus, damit auch die Bereitschaft über sich selbst hinauszuwachsen und die Bereitschaft auszuprobieren. Theaterpädagogen, die mit Laien, Kindern und Jugendlichen arbeiten, benutzen gerne postdramatische Elemente in ihrer Arbeit. So zum Beispiel arbeiten sie mit performativen Künsten und Elementen, sie erstellen Szenenkollagen und brechen mit den traditionellen Rollen- oder Figurenkonzepten. Ein Theaterpädagoge, der so arbeitet, vermittelt aber auch einen anderen und freieren Zugang zu dem was Theater ist. Wenn andere Texte, außer Dramentexte einfließen, so mag dies auch Lust auf mehr Experiment machen.

Postdramatisch arbeitende TheaterpädagogInnen, die vom Zwang zum Drama befreit sind, können auf folgende Fragestellungen zurückgreifen:

Was ist, wenn Galileo Galilei, Shakespeares Macbeth, Romeo, Hamlet und Goethes Faust aufeinandertreffen – in Form improvisatorischer Szenen oder Szenenkollagen?

Was ist, wenn das eigene Leben, die eigene Geschichte inszeniert wird (autobiographisches Theater)?

Was ist, wenn die Bühne Wirklichkeit wird und im Hier und Jetzt stattfindet?

Was ist, wenn ein Thema diskutiert und anschließend mit eigenen Texten, als Diskurstheater aufgeführt wird?

Was ist, wenn sich Tanz, Rhythmus, Sprache, Bewegung miteinander verbinden?

Was ist, wenn Requisiten, so wie sie gegeben werden, verwendet werden? Wenn das Marmeladenglas nicht zum Fernrohr wird und der Klaus mit dem grünen Pulli zum Kapitän des Traumschiffs, sondern der Klaus bleibt der Klaus, der grüne Pulli bleibt der grüne Pulli, die Bühne bleibt die Bühne, das Marmeladenglas bleibt das Marmeladenglas und daraus ergibt sich ein performativer Akt.

Was ist, wenn die Lichttechnik die Bühne und ihre Protagonisten einfach so in Atmosphäre hüllt und diese damit arbeiten, darauf reagieren und die Lichttechnik nicht nur treu im Dienst einer dramatischen Inszenierung steht?

Was ist, wenn die BühnenbildnerInnen, als eigenständige Künstler, den DarstellerInnen Aufgaben stellen – so wie bei Pollesch?

Sie sehen hier nur ansatzweise, welche tollen neuen Möglichkeiten sich postdramatisch ergeben. Im Folgenden will ich in Kurzform das postdramatische Konzept skizzieren – was hier nur eine Skizze und „Geschmacksprobe" sein kann – und exemplarisch am Theater Polleschs erläutern.

8.3 Das postdramatische Konzept

Das postdramatische Theater sieht sich einerseits nicht mehr als Inszenierung des dramatischen Textes und es versagt sich andererseits der dramatischen Situation, als Voraussetzung für die Darstellung der SchauspielerInnen. Wenn Sie sich Letzteres auf der "Zunge zergehen" lassen und sich an das Stanislawski Kapitel erinnern, so erahnen Sie die "Katastrophe" für den/die – vor allem nach Stanislawski ausgebildete(n) – Schauspieler(in). Er/Sie hat gelernt für oder wegen etwas, in einer gegebenen Situation, bezogen auf die Situation, zu handeln. Das aber soll im postdramatischen Theater nicht mehr gelten?

Um uns dieser scheinbaren Merkwürdigkeit zu nähern, wollen wir zunächst die referentielle von der performativen Funktion des Theaters unterscheiden:

„Während die referentielle Funktion auf die *Darstellung* von Figuren, Handlungen, Beziehungen, Situationen etc. bezogen ist, richtet sich die performative auf den *Vollzug* von Handlungen – durch die Akteure und zum Teil auch durch die Zuschauer – sowie auf ihre unmittelbare Wirkung."
(Fischer-Lichte 2010: S. 2)

Im traditionellen dramatischen Theater hat die referentielle Funktion die Oberhand. Der/Die Schauspieler(in) verwendet seinen/ihren Körper, um den Körper einer fiktiven Figur zu bedeuten. Er/Sie vollzieht Handlungen und Sprachhandlungen, die denen der Figur bedeuten. Auch der Raum bedeutet einen fiktiven Raum. Dramatische SchauspielerInnen lernen – im Sinne des Stanislawski-Systems – eine fiktive Situation und die physischen Handlungen aus der Dramenvorlage herauszulesen bzw. auf der Basis des Dramentextes eine Situation zu kreieren. Die Kunst ist es nun, im Rahmen dieser Situation, zum Erleben zu kommen und dieses transparent zum Ausdruck zu bringen. Gelingt dies, so spielt der/die Schauspieler(in) einerseits, weil die Situation fiktiv ist, aber sein/ihr Erleben, als das Erleben der Figur, ist real.

Im postdramatischen Theater gewinnt allgemein das Performative die Oberhand. Hier steht der Vollzug von Handlungen im Vordergrund, ohne Bezug auf eine fiktive Figur oder fiktive Geschichte etc. Im Gegenteil, reale Personen vollziehen Handlungen in realen Räumen, ohne Bezug auf etwas. Die Handlungen und Sprachhandlungen bedeuten nur sich selbst, sie nehmen Bezug auf sich selbst. Hier befreit sich das Theater von der dramatischen Vorgabe, von der fiktiven Geschichte. Es ist sich nunmehr selbst genug, es hat Selbstbezug, ist nunmehr Selbstreferentiell. Der Mimesis, als der Nachahmung von Welt, auf einer ästhetischen Plattform, wird eine Absage erteilt, Eigentexte, Zitate, zufällige Arrangements, willkürliche Selbstzuschreibungen, geborgte Identitäten, gewinnen die Oberhand.

Der/Die Schauspieler(in) im performativen Theater sieht sich nun vielmehr in einer neuen Wirklichkeit, in der sich Theater als reales Ereignis zeigt, nicht als Illusion. Aber auch nicht nur als Plattform, auf der die Rolle, ihr Verhalten und ihr Kontext im sozial-ökonomischen Geflecht, demonstriert wird (Brecht). Sondern es entsteht eine ganz neue Welt, in der die Handlung, die Sprache unmittelbar wird, aus der selber etwas entsteht und die nicht nur auf eine Situation und eine Figur verweist. Der/Die dramatisch ausgebildete Schauspieler(in), dem/der immer wieder eingetrichtert worden ist, niemals sich selbst darzustellen, sondern eine Figur zu verkörpern – oder im Sinne Brechts, eine Rolle zu zeigen – sieht sich nun womöglich als SelbstdarstellerIn, als PerformerIn. Oder er/sie ist bloß „Textträger" – wie im Theater einer Elfriede Jelinek, wo er/sie BotschafterIn eines Inhalts ist. Wechselnde Rollen, geborgte Identitäten, verschiedene Funktionen, Selbstdarstellung, stehen auf Augenhöhe mit anderen Disziplinen, wie Bühnenbild oder Souffleuse, Lichttechnik etc. Alle zusammen dienen nicht mehr einem Drama, einer Geschichte, sie verweisen nicht mehr auf Situation und Figur, sie erzählen oder demonstrieren nicht, was im Dramentext festgelegt ist, sie verweisen nicht auf etwas, stehen in Bezug zu etwas. Sondern sie selber sind der Bezug, es entsteht eine eigene Realität, eine Welt, dessen Sinn sich nur aus sich selbst erschöpft.

Das dramatisch eingewöhnte Publikum hat oft Schwierigkeiten mit dem Postdramatischen, weil es gewöhnt ist, etwas dargestellt oder gezeigt bzw. erzählt zu bekommen, was auf einen Kontext, auf einen dramatischen Zusammenhang verweist und nicht Selbstreferentiell ist – also einen eigenen Kosmos aufbaut. Im Folgenden werden wir uns mit der Postdramatik – anhand des Pollesch- Theaters – noch ein wenig auseinandersetzen.

8.4 Rene Pollesch

Es ist in diesem Kapitel nicht möglich, den gesamten eigenen "Kosmos" eines Rene Pollesch darzustellen. Dennoch sollen wesentliche Punkte seines postdramatischen Theaters beschrieben werden.

Der 1962 geborene Pollesch, studierte Angewandte Theaterwissenschaften in Gießen, u.a. bei Hans Thies Lehmann. Aus der Gießener Schule entstammen, neben Rene Pollesch und Tim Staffel, die Kollektive She She Pop und Rimini Protokoll u.v.m. Pollesch begann schon während seines Studiums mit szenischen Projekten und begegnete den Gastdozenten Heiner Müller, George Tabori und John Jesurun. Vor allem Jesurun beeinflusste die Arbeit Polleschs. Wie Jesurun, benutzt Pollesch beispielsweise die tägliche Fernsehserie als ästhetisches Stilmittel. Aber nicht nur die Ästhetik wird genutzt, Stücke Polleschs – wie *Ruhrtriologie* und *Prater Saga* – sind Theaterstücke, die in Serie laufen. (vgl. Bartling 2010: S.

10) Ein wichtiges sprachliches Stilmittel Polleschs ist das *Auf-Anschluss Sprechen*, genauso auch ein unglaublich hohes Sprechtempo. Auf-Anschluss Sprechen bedeutet jeglichen Wegfall von Pausen zwischen den Sätzen, aber auch Wegfall der Pausen zwischen den Beiträgen der einzelnen Sprechenden. Die SprecherInnen nehmen sich die Worte sozusagen aus dem Mund. Rene Pollesch hatte zu seinen Studienzeiten keine ausgebildeten SchauspielerInnen zur Verfügung. Er musste also mit SpielerInnnen arbeiten, die keine professionelle Sprechausbildung hatten. So bot sich das Auf Anschluss Sprechen an. Letztendlich wurde aus einer Not eine Tugend, ein Stil. Die klassisch ausgebildeten SchauspielerInnen sind es gewohnt Diener des Textes zu sein, dieser Vorlage gerecht zu werden. Sie müssen den Text verstehen, ihn interpretieren, einen Untertext bauen, sich in Text und Rolle einfühlen. Erinnern Sie sich bitte an das Stanislawski- Kapitel. Im Pollesch-Theater soll genau diese Einfühlung durch das Anschluss-Sprechen verhindert werden. Rene Pollesch sagt immer wieder in Interviews, das die SchauspielerInnen den Text benutzen sollen. Das Auf-Anschluss Sprechen und das hohe Sprechtempo bringt aber auch die professionellen SchauspielerInnen, mit denen Pollesch heute arbeitet, an Grenzen. So erkennt man in der Unvollkommenheit des Protagonisten auch den Menschen dahinter, was für das Polleschtheater typisch ist. Dennoch zeigen solche oder ähnliche Arbeitsweisen im postdramatischen Theater auf, dass eine besondere Anforderung an die Sprechtechnik, vor allem an die Sprechausdauer und Artikulation, gestellt wird, damit auch bei hohen Sprechtempi eine Mindestverständlichkeit gegeben ist.

Polleschs Denken steht dem **Poststrukturalismus** nah. Dieser geht davon aus, dass Sprache eine eigene Welt konstruiert und keine Welt außerhalb von ihr beschreibt. Die Trennung von Signifikant (Form) und Signifikat (Bedeutung) des

Strukturalismus wird aufgehoben. Denn nach der Auffassung der Poststrukturalisten, ist es nicht so ohne weiteres möglich eine eindeutige und allgemein gültige Bedeutung von Zeichen zu definieren. Denn um ein Signifikant seiner Bedeutung zuzuordnen, benötigt es weiterer Signifikanten, also stark vereinfacht ausgedrückt – ein Fass ohne Boden. Der Poststrukturalismus ist die Weigerung, den Sinn von Texten als buchstäblichen festzustellen, Definitionen zu geben und literarische Texte als geschlossene Werke zu betrachten. Auch wird eine klare Grenze zwischen der Literaturwissenschaft und der Literatur, als ihr zu untersuchendes Objekt, negiert. Autoren, wie Roland Barthes, Jacques Lacan, Jacques Derrida u.a., schreiben nicht über Literatur, sondern sie gehen in ihrer Lektüre den intertextuellen Beziehungen zwischen dem gelesenen Text und anderen Texten nach.

Wir können hier erkennen, dass der Poststrukturalismus viel mit dem postdramatischen Theater gemeinsam hat, denn auch hier gibt es keine Handlung, die auf eine fiktive Situation verweist, weil sie aus ihr entsteht, sondern es geht um den performativen Vollzug von Handlungen und ihrer unmittelbaren Wirkung, die selbstreferentiell auf sich verweisen. Die Postdramatik konstruiert also auch ihre eigene Welt und stellt keine fiktive Welt außerhalb von ihr dar.

Auch verwendet Pollesch Texte verschiedener Poststrukturalisten, darunter **Judith Butler.** Diese sieht in der Einteilung nach Geschlechtern letztendlich eine Diskriminierung, denn jeder Mensch ist ihrer Meinung nach seine eigene Gattung. Mann ist nicht gleich Mann, Frau nicht gleich Frau. Konkreten Niederschlag findet das bei Pollesch durch das Mittel des ständigen Rollentausches. Dadurch wird die vermeintlich festgesetzte Geschlechtsidentität aufgelöst. Keiner Figur kann nunmehr ein konkretes Geschlecht zugewiesen werden.

Der **Körper** ist ein zentrales Thema bei Pollesch. Er sieht die Einteilung von Körper und Mensch als Konstruktion, wie für Pollesch alles Alltägliche ein Konstrukt ist, welches zur Ordnung der Gegebenheiten dient. Der Körper des Subjekts in einer individualisierten, kapitalistischen Gesellschaft und sein Ausdruck im Schauspiel ist ein Thema seiner Theaterarbeit.

Wie wir schon festgestellt haben, sind im postdramatischen Theater Hierarchien – die im konventionellen Theater durch die Vorherrschaft des Dramas, nebst teils undemokratischer Strukturen in der Institution Theater, bestehen – auflösbar. Es ergeben sich andere – für den konventionellen Schauspieler gewöhnungsbedürftige – Arbeitsweisen, die sozialer, demokratischer und nicht diskriminierend sind. Dahinter stehen allgemein immer die folgenden Grundfragen, die im konventionellen Theater hitzig diskutiert werden – wenn überhaupt: Muss Theater, welches politisch-gesellschaftskritisch sein will, sich nicht auch an seinen eigenen Arbeitsweisen und Strukturen messen lassen? Darf es undemokratisch und diskriminierend sein? Ist demokratisches Theater überhaupt möglich und wie?

Inwiefern ist Dominanz der Regie, samt Inszenierungskonzept, als notwendig zu erachten? Ist Teamwork und gleichberechtigtes Miteinander im Ensemble überhaupt möglich oder erzeugt Konkurrenzdenken erst die nötige Spannung für eine erfolgreiche Produktion?

In der professionellen freien dramatischen und postdramatischen Theaterszene, sind verschiedene demokratische Arbeitsweisen durchaus gängig. Demokratisch, im Sinn von Mitgestaltung und Diskurs. Nicht Regietheater, sondern prozessorientiertes Theater, indem das ganze Ensemble gefordert ist, ist durchaus nicht unüblich. Im freien dramatischen Theater, gibt die Regie beispielsweise eine dynamische, nicht statische Form vor, das Inszenierungskonzept, welches aber gemeinsam, mit dem gesamten Ensemble, weiter entwickelt wird und zur gemeinsamen aufführbaren Produktion wird. Die Rolle der Regie ist hier vielmehr die eines Vermittlers und Zuarbeiters, als die eines, der Produktion übergeordneten, dominanten Genies. Dem/Der Schauspieler(in) kommt aber damit auch eine mitgestaltende, kreative Position zu. Er/Sie ist damit nicht nur Geführte(r), sondern auch gleichberechtigte(r) Mitgestalter(in). In professionellen freien Produktionen gibt es auch nicht den "Hofstab" an Mitarbeitern, sodass SchauspielerInnen die Bühne mit auf und umbauen, sich gegenseitig bei Umzügen helfen etc. Es gibt ganze Produktionen, die ohne vertrauliches Miteinander, auf und hinter der Bühne, niemals funktionieren würden. Übertriebene Egomanen, aufgeblasene Regisseure, sind hier nicht zu gebrauchen. Anders durchaus in manch städtischen oder staatlichen Theatern. Hier herrschen mitunter noch die gleichen starren Machtstrukturen, die gleichzeitig wiederum von den Verantwortlichen dieser Institutionen – am Politikbetrieb und dem Wirtschaftskapitalismus – kritisiert werden. Sie zeigen also auf der Bühne Ungerechtigkeit, Ungleichheit und Machtmissbrauch auf, entlarven Strukturen als undemokratisch, halten aber selber den Theaterbetrieb in seiner prachtvollsten Hierarchie aufrecht. Das ist Paradox und führt zwangsläufig zu Diskriminierungen, nicht zuletzt auch zu Geschlechterdiskriminierungen. Allerdings scheinen sich wohl diese verkrusteten Strukturen nach und nach immer mehr zu lockern – vielleicht auch dank den Denkern und Machern innerhalb der Postdramatik.

Pollesch geht mit seinem postdramatischen Theater sehr weit, er betreibt *Kollektivtheater,* wenn auch unter seinem Label. Er bringt zu Beginn der Probe Text mit, dieser wird im Ensemble gelesen. Der Text ist philosophischer, soziologischer oder politischer Natur, handelt über ein jeweiliges Thema. Zwischen den SchauspielerInnen und Pollesch entsteht ein Diskurs. Der

Text wird dann von Pollesch, je nach Verlauf des Diskurses, umgeschrieben. Wenn der Text dann fertig ist, gehen die SchauspielerInnen auf die Bühne. Das Bühnenbild ist dann schon fertig. Den BühnenbildnerInnen begegnet Pollesch auf Augenhöhe, er sieht sie als eigenständige Künstler, was durchaus bezeichnend für die Postdramatik ist. Die Bühnenbildnerinnen erschaffen die Bilder auf ihre eigene Art und Weise. Die Inszenierung arrangiert sich mit dem Bühnenbild als Ausgangssituation, auch mit den Hindernissen, die als Herausforderung gesehen werden. Die SchauspielerInnen improvisieren anhand des Textes, dabei stehen ihnen Requisiten auf der Bühne frei zur Verfügung. (siehe Bartling 2010: S. 52)

Polleschs Ansatz ist der, dass das Kollektiv, also das Ensemble, Themen auf die Bühne bringt, die sie selber bewegen und für relevant halten. Damit sieht Pollesch sein Theater nicht als Service, der das Publikum einfach bedient, also zielgruppenorientiert arbeitet. Das Kollektiv ist Impulsgeber für die Textbildung, die parallel zur Inszenierung verläuft. Die SchauspielerInnen sind gefordert Ideen einzubringen und vor allem geht es um ihre Wahrnehmung von Wirklichkeit. Pollesch betont immer wieder, dass kein(e) Schauspieler(in) auf der Bühne etwas sagen muss, was er/sie nicht will.

Ein wichtiges sprachlich-textliches Stilmittel ist der *Monolog* bzw. *monologisierte Dialog.* In klassischen Dramen ist der Monolog das Selbstgespräch der Figur. Diese verfasst ihre Gedanken in Worte, verarbeitet oft einen inneren Konflikt. Illusionistisch inszeniert, mit vierter Wand, richtet sich die Figur nicht direkt an das Publikum – sie bleibt allein für sich, in ihrem fiktiven Raum. Der Dialog ist eine andere Form der Kommunikation im Drama – zwei oder mehrere Figuren tauschen ihre Gedanken aus, verhandeln ihren Konflikt. Ein klassischer Dialog findet nach einem dualistischen Prinzip statt – es gibt ein Dafür und ein Dagegen. Pollesch sieht aber, dass so bestimmte Probleme nicht auflösbar sind. Er sieht sein Theater selbst als Diskurstheater, indem jeweils in monologisierter Form eine bestimmte Argumentation verfolgt wird. Ein Dialog ist entweder so aufgebaut, dass der eine Protagonist den Gedanken des Anderen im Konsens aufgreift, sodass praktisch ein Monolog mit verteilten Rollen entsteht. Oder der Dialog ist monologisch, indem die SprecherInnen im Wesentlichen aneinander vorbei reden – die Protagonisten haben kein Interesse aneinander, die Textfragmente sind beziehungslos. Ein Dialog im dualistischen Prinzip, eine szenische Auseinandersetzung der Protagonisten untereinander, gibt es nicht. So verlagert sich die Kommunikation in eine reale Theatersituation, indem die SprecherInnen nicht untereinander verhandeln, sondern sich an einen Dritten richten, den/die Zuschauer(in). Das heißt auch, ihr Spiel ist performatives Handeln im realen Raum, anstelle szenischer Darstellung im fiktiven Raum.

Typisch für die Postdramatiker, so auch für Pollesch, ist die Verwendung von **_Zitaten_**. Dabei geht er **_intertextuell_** vor, das heißt er zitiert aus verschiedenen Quellen. Die Zitate stammen aus der Alltags-Medienkultur, sowie aus der Philosophie.

Den **_Figuren_** liegt im Theater Pollesch keine psychologische Dramatik zugrunde, man kann ihnen keine speziellen Charaktereigenschaften zuordnen. Sie handeln nicht aktiv und eigenständig, sondern lassen sich vom Text treiben. Die Rollenfiguren sind von der Globalisierung gelenkte Wesen, ihnen fehlt jedes Eigenleben. Der thematische Diskurs ist den Individuen vorangestellt und die agierende Figur steht eben nicht im Mittelpunkt. Die psychologische Einfühlung in die Figur entfällt. Theater wird als Realität wahrgenommen, SchauspielerInnen geben Handzeichen zu den Tontechnikern oder Beleuchtern. Souffleusen oder andere Bühnenmitarbeiter treten teilweise auf und agieren mit den SchauspielerInnen. Wie oben schon festgestellt, sind schnelle Rollenwechsel ein Mittel, um sogar die klare Geschlechterzuordnung aufzulösen.

Es wäre noch einiges zu Polleschs Theater zu sagen. Aber wesentliche Kennzeichen sollten exemplarisch die Unterschiede des postdramatischen zum traditionellen Theater markieren.

Literaturverzeichnis

Adler, Stella (2005):   Die Schule der Schauspielkunst. The Art of Acting.
Henschel-Verlag, Leipzig
(em. Berlin)

Balme, Christopher (2003):   Einführung in die Theater-
wissenschaft
Erich Schmidt Verlag, 3.
Auflage, Berlin

Bidlo, Tanja (2006):   Theaterpädagogik –
Einführung
Oldib-Verlag, Essen

Boal, Augusto (1999):   Der Regenbogen der
Wünsche
Kallmeyer- Verlag, Seel-
ze(Velber)

Bochow, Jörg (2010):   Das Theater Meyerholds
und die Biomechanik
Alexander Verlag, Berlin

Cechov, A. Michail (1992):   Die Kunst des Schauspie-
lers.
Moskauer Ausgabe, Edition
Bühnenkunst 1,
2. Auflage, Urachhaus,
Stuttgart

Dahlweid, Janine (2004):   Rituelle Dimensionen des
Theaters. Analyse des "Ar-
men Theaters" von Jerzy
Grotowski.
Studienarbeit an der Freien

	Universität Berlin, 2004 erschienen im Grin-Verlag
Fischer-Lichte, Erika (2012):	Performativität. Eine Einführung transcript-Verlag, Bielefeld
Fischer-Lichte/Kreuder/Pflug (2010):	Theater seit den 60er Jahren Francke-Verlag, Tübingen und Basel, 1998 erschienen in UTB für Wissenschaft, 2010
Gehrcke, Werner (2012):	Rezeptur der Bühnenkomik. Theorie und Praxis des Komischen auf der Bühne. Disserta Verlag, Hamburg
van Gennep, Arnold (1986):	Übergangsriten (Les rites de passage) Campus Verlag, Frankfurt a.M. und New York
Gronemeyer, Andrea (2005):	Theater Schnellkurs 5. Auflage, DuMont Verlag, Köln
Grotowski, Jerzy (2006):	Für ein Armes Theater 3. Auflage, Alexander Verlag, Berlin
Hecht, Werner (1977):	Brecht im Gespräch – Diskussionen und Dialoge Henschel Verlag, Kunst und Gesellschaft, Berlin

Hoffmeier, Dieter (1993):   Stanislavskij - Auf der Suche nach dem Kreativen im Schauspieler.
Edition Bühnenkunst 4, Urachhaus, Stuttgart

Johnstone, Keith (2004):   Improvisation und Theater Siebte Auflage, Alexander Verlag, Berlin

Kotte, Andreas (2013):   Theatergeschichte - Eine Einführung
UTB, Stuttgart

Lehmann, Hans Thies (2005):   Postdramatisches Theater Verlag der Autoren, Frankfurt a.M.

Rellstab, Felix (1980):   Stanislawski Buch - Einführung in das System.
Verlag Stutz und Co, 2. Auflage, Schweiz

Roselt, Jens (2005):   Seelen mit Methode - Schauspieltheorien vom Barock bis zum postdramatischen Theater.
Alexander Verlag, Berlin

Staffler, Armin (2009):   Augusto Boal – Einführung
Oldib-Verlag, Essen

Stanislawski, Konstantin S. (2011):   Stanislawski-Reader: Die Arbeit des Schauspielers an sich selbst und an der Rolle.
Hrsg. Bernd Stegemann
Henschel Verlag, Leipzig

Strasberg, Lee (2005):	Schauspielen und Das Training des Schauspielers. Hrsg. von Wolfgang Wermelskirch, 6. Auflage, Alexander Verlag, Berlin
Tschechow, Michael (1992):	Werkgeheimnisse der Schauspielkunst. Werner Classen Verlag, Zürich

Internet-Quellen

anthrowiki.at/Michael_Tschechow

Thomas Bartling (2010): Das Theater Rene Polleschs – Versuch über Arbeitsweisen im postmodernen Theater und in der Theaterpädagogik
Bachelorarbeit am Institut für Theaterpädagogik Lingen/Ems Fachhochschule Osnabrück
Auf: opus.hs-osnabrueck.de